오바마는 어떤 카드를 꺼내들 것인가?

달러의 몰락과 신화폐전쟁

오바마는 어떤 카드를 꺼내들 것인가?

달러의 몰락과 신화폐전쟁

서정명 지음

무한

추천글

미국의 서브프라임 모기지^{비우량 주택담보대출} 부실과 파생금융상품 손실로 글로벌 금융시장이 출렁거리고 있으며 한국 경제도 깊은 수렁에 빠져 있다. 이 같은 글로벌 경제의 동반침체 현상을 분석하고 향후 전망을 보여주는 전문서적들이 시중에 많이 나와 있지만 어려운 경제용어가 많고 경제전문가를 대상으로 하기 때문에 일반인들이 쉽게 접근하기가 어려운 것이 사실이다.

하지만 이 책은 서울경제신문 뉴욕특파원이 최근 3년간 맨해튼 월스트리트와 금융가에서 직접 경험한 내용을 바탕으로 미국경제의 거품과 달러의 추락을 간결하게 풀이하고 있어 경제를 잘 모르는 사람들도 쉽게 이해할 수 있도록 구성됐다.

무엇보다 미국의 파생금융상품 거품을 17세기 네덜란드의 튤립 버블 및 과학자 뉴튼을 파산시킨 남해회사 버블, 프랑스의 미시시피 버블 등과 함께 역사에 기록될 '세계 4대 거품'으로 지목한 것이 흥미롭다.

이 책은 단지 미국경제의 추락과 달러의 몰락을 서술한 것이 아니라 미국경제의 침체가 한국은 물론 글로벌 경제에 어떠한 구조를 통해 악영향을 미치는지 설명하고 있어 글로벌 경제에 대한 이해도를 높일 수 있을 것이라고 확신한다.

18세기 산업혁명에 성공한 영국 경제의 바통을 이어받아 미국은 글로벌 경제의 패권자로 등장했다. 자동차 · 석유 · 전기 · 철강 등 제조업이 성장의 기틀을 마련했고 은행 · 보험 · 증권 등 금융 산업이 '팍스 아메리카나Pax Americana'를 완성했다.

하지만 제조업은 중국이나 동남아에 자리를 넘겨줬고 금융 산업은 붕괴직전에 와 있다. 제너럴모터스GM · 포드 · 크라이슬러 등과 같은 미국 자동차 회사들은 정부에 구제 금융을 구걸하는 신세로 전락했고 베어스턴스 · 리먼브러더스 · 메릴린치 등 금융회사들은 문을 닫거나 매각되는 처지가 되고 말았다.

이 책은 미국 및 글로벌 경제에 대한 해박한 지식으로 세계적인 명성을 얻고 있는 교수와 분석가들과의 인터뷰를 통해 글로벌 경제를 이해하는 방법도 함께 제시한다.

'닥터 둠Dr. Doom'으로 불리는 마크 파버를 비롯해 로버트 실러 미국 예일대 교수, 누리엘 루비니 미국 뉴욕대 교수, 로버트 먼델 미국 컬럼비아대 교수, 세계적인 투자자 짐 로저스 등이 대표적이다.

저자가 직접 이들을 만나 글로벌 경제의 흐름을 분석하고 앞으로 투자 유망한 분야를 설명하고 있기 때문에 사회진출을 준비하는 학생들은 물론 재테크에 관심이 많은 가정주부들에게도 큰 도움이 되리라고 본다.

현재 진행되고 있는 미국경제의 침체와 글로벌 경제의 동반침체를 설명하는 전문서적에 흥미를 잃은 독자들에게 이 책을 권하고 싶다. 마치 흥미진진한 소설이나 수필을 읽는 것처럼 글로벌 경제의 구조와 흐름을 파악할 수 있다.

모임이나 회식자리에서 '글로벌 경제' 얘기만 나오면 주눅이 드는 사람이 있다면 이 책을 통해 많은 정보를 얻고 글로벌 경제에 대한 기초지식도 쌓을 수 있을 것이다. 직장인들은 물론 특히 배움의 길에 있는 학생들과 글로벌 경제에 소홀해지기 쉬운 가정주부들에게 일독을 권하고 싶다.

신한은행 프라이빗뱅킹(PB) 강남센터 센터장

서춘수

프롤로그

20세기까지만 하더라도 미국은 젖과 꿀이 흐르는 국가였다. 아메리칸 드림American Dream의 꿈과 희망을 안고 세계 각국의 이민자들이 대서양과 태평양을 건너 미국으로 몰려들었다. 16세기 대항해 시대를 통해 세계를 제패한 스페인과 포르투갈에 이어 18세기에는 산업혁명에 성공한 영국이 글로벌 경제패권을 장악했고, 19세기부터는 미국이 팍스 아메리카나Pax Americana 제국을 구축하며 글로벌 경제를 호령하고 있다.

하지만 21세기 들어 미국의 경제패권이 뿌리째 흔들리고 있다. 일본, 유럽연합EU, 중국, 러시아 등 대항 세력들이 호시탐탐 패권의 자리를 노리고 있다. 북방 이민족의 침입으로 멸망했던 로마제국이나 만주족에 흡수되었던 중국 대륙처럼 엉클 샘Uncle Sam의 시대가 황혼을 향해 저물고 있다.

이 책은 필자가 지난 2004년부터 2007년까지 3년 동안 서울경제신문 뉴욕특파원으로 활동하면서 월스트리트Wall Street 현장에서 목격한 미국경제의 문제점과 현주소를 다양한 통계데이터와 이론을 바탕으로 쉽게 풀어 쓴 것이다.

어려운 경제용어는 쉬운 단어로 다시 설명했고, 일반인들이 이해하기 힘든 경제현상은 생활 속의 사례를 들어 알기 쉽게 풀이했다. 중·고등학생이나 재테크에 관심이 많은 가정주부들도 이 책을 통해 허울뿐인 미국경제의 현실과 쓰러져 가는 대국^{大國}의 쓸쓸한 뒷모습을 보게 될 것이다.

19세기 미국은 제조업을 기반으로 성장했고, 20세기에는 금융 산업을 통해 글로벌 경제를 장악할 수 있었다. 또 미국경제가 불황을 겪을 때에는 1차 세계대전, 2차 세계대전, 한국 전쟁, 중동 전쟁 등과 같이 자국에 이익이 되는 전쟁에 참여해 군수산업을 확장하고 경제를 다시 살릴 수 있었다.

하지만 미국 국민들이 간직했던 옛날의 달콤하고 아름다웠던 추억들은 점차 사라지고 있다. 미국 제조업의 자존심인 제너럴모터스^{GM}·포드·크라이슬러 등 자동차 회사들은 파산지경에 처해 있으며, 다른 제조업종도 중국과 같은 신흥개발국에 자리를 넘겨주고 있다. 탐욕의 화신이 되어 파생금융상품을 대량 생산했던 금융회사들도 벼랑 끝으로 내몰리고 있다. 글로벌 금융시장을 호령했던 미국 금융회사들은 경영부실로 문을 닫거나 다른 회사에 팔리는 신세로 전락하고 말았다. 이에 더해 미국이 현재 진행하고 있는 테러와의 전쟁은 미국경제에 도움이 되는 '플러스 전쟁'이 아니라 미국 국민들의 세금을 갉아먹고 국가재정을 축내는 '마이너스 전쟁'이 되고 말았다. 미국경제는 제조업과 금융 산업의 붕괴 이후에 새로운 성장 동력을 찾아야 하지만 현재로서는 돌파구가 없는 상태다. 시간이 지날수록 미국경제는 늘어나는 재정적자와 무역적자에 헐떡이며 가쁜 숨을 몰아 쉴 것이다.

엉클 샘이 몰락하는 징후는 달러가치의 추락에서 여실히 나타난다. 미국은 해외에서 제품을 수입하고, 테러와의 전쟁을 치르고, 부실기업을 지원하기 위해 달러화폐를 물 쓰듯이 찍어내고 있다. 유럽연합 통화인 유로EURO와 중국 위안화에 대비해 달러가치는 사상 최저 수준으로 떨어지고 있으며 앞으로 이 같은 추세는 더욱 속도를 낼 것으로 전망된다. 지금까지는 미국경제의 회생 가능성에 기대를 걸며 일본, 중국, 대만, 한국 등 아시아 국가들이 미국 연방준비제도이사회FRB가 찍어내는 달러를 사들였지만 이마저도 한계에 달했다. 달러를 보유하고 있는 아시아와 중동의 오일머니 국가들은 달러 대신 유로, 엔화 등 다른 통화로 보유자산을 다변화하고 있다. 달러가치가 떨어지면 글로벌 경제 주체들은 새로운 국제통화 시스템에 대해 고민하게 될 것이다. 달러의 취약성이 나타나고 있는 만큼 새로운 통화 패러다임을 만들어야 하는 것이다.

이 책은 미국경제의 몰락과 달러가치의 추락, 그리고 거세지는 신新 화폐체제에 대한 목소리를 일목요연하게 정리했다. 아무쪼록 이 한 권의 책이 미국 경제의 현실을 제대로 이해하고, 글로벌 경제에 대한 이해도를 높이는 데 도움이 됐으면 하는 마음이 간절하다.

서정명 드림

차례

차례

제2장 달러 패권의 몰락

차례

제3장 경제 권력의 이동

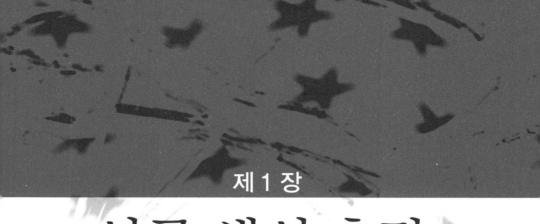

제 1 장

엉클 샘의 추락

DEMISE OF DOLLAR

01. GM 제국의 몰락

　제너럴모터스GM는 미국 산업의 자존심이자 미국 자본주의를 대표하는 기업이다. 맨해튼 남부에 있는 자유의 여신상과 월스트리트 등과 함께 미국을 상징하는 아이콘이다. 미국 국민들은 GM에 대한 사랑과 애정이 남다르다. 도요타, 혼다, 닛산 등 일본 자동차회사와 한국의 현대자동차가 미국 본토에 대해 파상적인 공격을 퍼부을 때에도 그들은 GM을 고집했다. 미국경제가 둔화되거나 침체될 때에도 그들은 애국심 차원에서 GM자동차를 구입했다.

　'GM에 좋은 것은 미국에 좋고, 미국에 좋은 것은 GM에도 좋다'는 말이 있을 정도로 GM에 대한 미국 국민들의 애정은 각별하다. GM을 빼놓고는 미국 산업을 얘기할 수 없을 정도로 GM은 미국 제조업의 핵을 이루고 있다.

그런데 '미국 제조업의 자존심'인 GM이 추락하고 있다. 아니 몰락하고 있다는 표현이 어울릴 것이다. GM의 파산이 머지않았다는 비관적인 전망이 현실로 나타나고 있다. GM, 포드, 크라이슬러 등 이른바 '빅3'로 대표되는 미국 자동차회사들은 지난 1980년 후반만 하더라도 미국 내 시장 점유율이 80%에 육박했다. 하지만 2005년부터 누적된 적자로 경영이 악화되면서 2008년에는 42.7%까지 가파르게 떨어졌다. 미국 본토시장의 절반가량을 일본, 한국 등 경쟁 국가들에게 내준 셈이다.

거지 신세가 된 GM

도요타, 혼다, 닛산 등 일본 자동차회사들의 경우 1980년 미국시장 점유율은 20%에도 미치지 못했지만 원가절감에 따른 가격경쟁력 제고, 기술개발에 따른 품질 개선, 미국 현지공장 설립 등을 통해 2008년에는 시장 점유율을 43.0%까지 끌어올렸다. 현재 미국 자동차 산업은 일본 회사들이 장악하고 있으며, 미국 국민들도 더 이상 애국심에 근거하기 보다는 합리적인 가격에 품질이 좋은 일본 자동차를 구입하고 있다. 화려했던 'GM 제국'은 허물어지고 있으며, 그 빈자리를 일본 회사들이 파고들고 있는 것이다.

1981년 미국시장에 본격적으로 진출한 일본 자동차회사들은 4반세기 만에 처음으로 GM으로 대표되는 미국 자동차회사들을 추월하게 되었다. GM은 2008년 2분기(4~6월)에만 155억 달러의 순손실을 기록했다. 한국 돈으로 15조원(1달러당 1,000원의 환율적용) 이상의 천문학적인 손실이다. 100년 전 회사가 설립된 이후 분기 손실로는 최대 규모다. 일부 증권사 애널리스트들은 GM의 매출이 급감하고 적자가 눈덩이처럼 늘어나는 것을 이유로 GM 파산은 시간문제인 것으로 보고 있다.

GM의 몰락은 주가추이에서 여실히 나타난다. 2004년 1월 GM 주가는 54달러를 상회했지만 2008년 10월에는 4.76달러까지 주저앉았

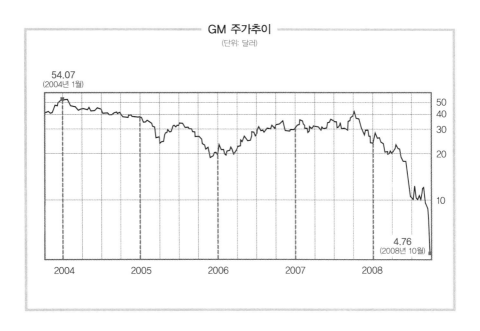

GM 주가추이
(단위: 달러)

54.07
(2004년 1월)

4.76
(2008년 10월)

2004   2005   2006   2007   2008

다. 이 기간 동안 주가는 무려 91.1%나 급락했는데 만약 GM주식을 계속 보유하고 있었더라면 그야말로 해당 주식계좌는 깡통이 되고 말았을 것이다. GM의 주가가 5.5달러 아래로 내려간 것은 1950년 12월 이후 58년 만에 처음이다. 미국의 자존심이 여지없이 짓밟히는 것을 목격할 수 있는 대목이다.

GM의 신용등급은 투기등급으로 떨어졌다. 기업의 신용등급에는 '투자등급'과 '투기등급'이 있다. 투자등급은 기업 내용이 좋기 때문에 투자해도 괜찮다는 의미를 담고 있다.

반면 투기등급은 회사 내용이 부실하고 언제든지 부도가능성이 있는 만큼 투자에 각별한 주의가 필요하다는 경고의 메시지를 담고 있다. 2008년 10월 현재 GM의 회사채 등급은 투자적격등급보다 6단계나 낮은 'B-'이다. 세계적인 신용평가기관인 스탠더드 앤 푸어스[S&P], 무디스 등은 GM의 신용등급을 '부정적'으로 제시한 상태이며 사태추이에 따라서는 신용등급을 추가로 하향 조정할 움직임을 보이고 있다. 그만큼 GM의 경영부실이 심각하다는 얘기가 된다. 한때 세계 자동차 시장을 호령했던 GM이 미국 산업계의 애물단지로 전락한 것이다.

미국 뉴욕대 스턴 비즈니스 스쿨의 에드워드 얼트먼 교수는 기업파산 위험도를 측정한 결과 GM과 포드가 5년 이내 파산할 확률이 95%에 달한다고 지적하기도 했다. 그럼 자동차 산업의 제왕이 왜 이 지경이 되었을까? 미국 금융회사와 소비자들이 탐욕에 물들어 벼랑 아래로 떨어지고 거품붕괴의 희생양이 된 것처럼 GM도 내부적으로 부풀어 오른 거품이 터지면서 추락의 길을 걷게 되었다.

변화를 거부한 GM

거대한 제국 GM이 몰락한 데에는 왜곡된 노사관행이 크게 작용했다. GM으로 대표되는 미국 노동자들은 절약과 양보의 정신을 상실했다. 그들의 조상이 청교도 정신과 소명의식을 안고 대서양을 가로질러 영국에서 미국으로 건너왔을 때의 초심을 그들은 더 이상 간직하고 있지 않다. 식민지 초기시절 인디언들과 싸우기 위해 한 푼이라도 아끼고 난관이 닥치면 협력했던 마음가짐을 더 이상 가지고 있지 않다.

1950년대 GM은 '해가 지지 않는 제국'으로 통했다. 당시 미국 근로자들은 GM에 입사해 근무하는 것을 평생의 꿈이요, 가문의 영광으로 생각했다. 미국 경제지인 월스트리트저널^{WSJ}은 GM 몰락의 원인을 '방만한 경영'에서 찾았다.

GM에는 '인력은행$^{Jobs\ Bank}$'이라는 제도가 있다. 회사가 필요하지 않다고 판단되는 인력에게 다른 직장에서 일하지 않는다는 조건으로 급여를 계속 지급하는 것이다. 해고된 상태에서 시간당 31달러, 연간으로는 6만 달러 이상의 급여를 받는다. 회사에 나와 출근부에 도장만 찍으면 빈둥빈둥 놀아도 급여를 지급한다. 다른 회사에 입사하지 않았다는 증명만 하면 된다. 일하지 않는 직원들에게 급여를 지급하는 상황에서 기업의 생산성은 떨어질 수밖에 없고 적자를 내지 않을 수 없다.

퇴직자에 대한 의료비 지원도 상상을 초월한다. GM은 현직 근로자가 아니라 이미 회사를 떠난 퇴직자들에게도 의료비를 지급했다. 자동차 한 대를 만들어 팔면 이중 1,500달러는 의료비 사용에 충당해야 할 정도로 GM은 막대한 의료비 부담에 시달렸다. 연간으로 따지면 전체 의료비용은 60억 달러에 달한다.

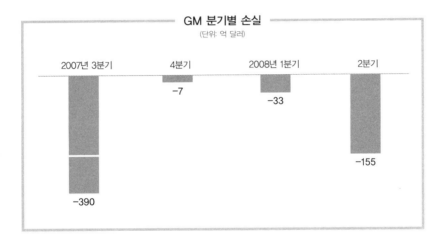

GM 분기별 손실
(단위: 억 달러)

2007년 3분기	4분기	2008년 1분기	2분기
−390	−7	−33	−155

1990년대 '잃어버린 10년'을 경험하며 와신상담 재기를 노렸던 일본 기업들이 인건비 절감, 임금동결, 노사협력 강화 등을 통해 기업경쟁력을 높인 것과 비교하면 천양지차다. 결국 GM 경영자와 근로자의 내부적으로 부풀어 오른 거품이 터지면서 GM은 나락의 길로 떨어지게 된 것이다.

GM은 '나만 옳다'는 아집에 사로잡혀 자동차 산업의 트렌드 변화를 제대로 읽지 못했다. 도요타 등 일본 회사들이 하이브리드카를 비롯한 친환경 제품을 출시하고 품질제고에 나서는 동안 GM은 기득권자의 여유를 한껏 뽐내며 기존 제품의 생산라인만 고집했다.

미국 소비자들은 가격은 저렴하면서도 품질은 뛰어난 수입품에 매료되었고 GM으로 향했던 발걸음을 도요타 판매 대리점으로 돌렸다. 매년 GM을 포함한 미국 자동차회사들의 시장점유율은 떨어지는 반면 일본, 한국 자동차회사들의 시장점유율이 상승곡선을 그리고 있는 것은 당연한 결과이다.

궁지에 내몰린 GM이 부리나케 인력조정, 복지혜택 축소, 공장폐쇄 등에 나서며 야단법석을 떨고 있지만 회생을 확신하기는 힘든 상황이다.

GM은 지난 1908년 9월 16일 윌리엄 듀랜트가 설립했으며 한때 미국 주식시장 전체 시가총액의 절반을 차지할 정도로 탄탄대로를 달리던 기업이었다. 하지만 2008년 탄생 100회를 맞이한 GM은 그야말로 '종이호랑이' 신세로 전락했다.

메릴린치 등 월가 투자기관들은 'GM의 파산 가능성을 배제할 수 없다'며 으름장을 놓고 있는 실정이다. GM을 포함한 '빅3'는 미국 정부에 500억 달러의 구제 금융을 신청하며 손을 벌리고 있다. GM은 세계 최고의 제조 기업이라는 호사를 누렸지만 지금은 생존을 위해 구걸을 해야 하는 한심한 처지로 전락했다.

02. 낙동강 오리알, 미국 은행

　미국의 서브프라임 모기지^{비우량 주택담보대출} 부실사태는 바로 월스트리트 투자은행의 몰락을 초래했다. 지난 200년 이상 세계 금융시장의 황제를 자처했던 월가 투자은행들이 역사의 뒤안길로 사라지는 결과를 야기한 것이다. 그 시발점은 2008년 3월 미국 5대 투자은행이었던 베어스턴스의 경영부실과 이에 따른 회사매각에서 비롯되었다.

　뉴욕 월가는 통상 은행을 2종류로 분류한다. 투자은행^{IB, Investment Bank}과 상업은행^{CB, Commercial Bank}이 그것이다. 이들 은행 간에는 어떠한 차이가 있는 것일까?

　상업은행^{CB}은 우리가 보통 생각하는 일반 은행이다. 고객에게 예금을 받고 대출을 하는 것을 주요 업무로 한다. 한국의 국민은행, 신한은행, 우리은행, 하나은행 등이 대표적인 상업은행이다. 고객들로부터 예금을 받고 이를 재원으로 다른 고객들에게 대출을 하면서 이익을 낸다. 월가의 대표적인 상업은행으로는 뱅크오브아메리카BoA, 씨티그룹, JP모건체이스 등이 있다.

반면 서브프라임 사태에 연관돼 경영부실이 심화된 투자은행IB은 '투자'라는 단어가 암시하듯이 주로 '투자'를 통해서 수익을 만들어낸다. 다른 회사의 주식과 채권을 사들이거나 기업 인수합병M&A에 직접 관여한다. 자금을 빌려 복잡한 파생금융상품이나 부동산에 직접 투자한다.

투자은행은 경기가 좋을 때에는 막대한 수익을 올릴 수 있지만 반대로 경기가 불황일 때에는 천문학적인 손실을 감수해야 하는 구조를 가지고 있다. 서브프라임 사태로 투자은행들이 줄줄이 파산하거나 매각되는 신세로 전락한 것은 우연이 아니라 필연이다. 투자은행의 속성 때문이다. 대표적인 투자은행으로는 골드만삭스, 모건스탠리, 메릴린치, 리먼브러더스, 베어스턴스 등이 있다.

역사 속으로 사라진 베어스턴스

2008년 3월 경영부실에 내몰린 베어스턴스Bear Stearns는 미국에서 다섯 번째로 큰 투자은행으로 1920년대 월스트리트 주식시장 호황을 타고 1923년에 설립됐다. 회사 이름은 설립자 3인 중 조세프 베어[Joseph Bear]와 로버츠 스턴즈[Robert Stearns]의 이름에서 유래됐다. 창설 당시 자본금은 50만 달러였으며 국채시장에서 특히 두각을 나타냈다.

다른 투자은행과 비교해 후발주자였던 베어스턴스는 PSD기준을 통해 인재를 채용하는 것으로 유명했고, 이를 통해 조직에 새로운 활력을 불어넣었다. PSD란 가난하고[Poor], 똑똑하고[Smart], 부자가 되고자 하는 열망[Deep desire to be rich]을 가진 젊은이들을 채용하는 것이다. 쥐뿔도 가진 것 없고, 가방 끈도 짧고, 든든한 후원자도 없지만 부자가 되려는 강한 열망을 가진 젊은이들을 뽑아서 회사의 든든한 자산으로 활용했다.

골드만삭스, 모건스탠리가 미국 동부의 명문대학 아이비리그를 졸업한 젊은이들이 선호하는 귀족적인 투자은행이라면 베어스턴스는 시골 분위기가 물씬 풍기는 서민적인 금융회사였다. 85년 동안 고객들의 사랑을 한 몸에 받았던 베어스턴스가 2008년 3월 서브프라임 후폭풍의 제물이 되고 말았다. '85년 은행' 역사에 종지부를 찍고 역사의 뒤안길로 사라진 것이다.

베어스턴스는 서브프라임 모기지를 포함한 부실대출로 경영이 극도로 악화되었으며 사실상 부도 직전까지 내몰렸다. 펀크 지겔의 애널리스트 딕 보브는 고객들에게 보낸 보고서를 통해 "베어스턴스는 서브프라임 모기지 부실이 현실로 나타났을 때 신속하게 시장에서 빠져나오지 못했다"며 "이로 인해 수익과 영업, 신용이 모두 훼손돼 자금조달

비용이 급격히 상승했다"고 분석했다.

누가 도와주지 않으면 망할 것이 불을 보듯 뻔했다. 월가의 큰손 JP모건이 베어스턴스를 사겠다고 제안했다. 매각되는 베어스턴스 주당 가격은 2달러로 JP모건 0.05473주가 베어스턴스 1주와 교환되는 조건이었다.

베어스턴스가 파산할 경우 글로벌 금융시장에 미칠 파장과 파괴력을 잘 알고 있었던 미국 연방준비제도이사회[FRB]도 긴급 이사회를 열고 부랴부랴 JP모건의 베어스턴스 인수를 만장일치로 승인했다. 이것저것 재고, 따질 여유가 없었을 정도로 국제 금융시장은 긴박하게 돌아가고 있었다.

결국 베어스턴스는 85년의 오랜 역사를 뒤로 하고 2억3,000만 달러에 JP모건에 팔리는 신세가 되고 말았다. 베어스턴스는 뉴욕 맨해튼 본사 건물 가치(12억 달러)의 4분의 1에도 못 미치는 가격에 팔리게 됐다. 베어스턴스의 경영부실 규모가 얼마나 컸는지 알 수 있는 대목이다.

베어스턴스가 몰락한 것은 탐욕과 오만의 산물이다. 가난하고, 똑똑하고, 부자가 되기를 열망하는 젊은이들이 똘똘 뭉쳐 만든 투자은행이었지만 베어스턴스는 결국 탐욕의 희생물이 되고 말았다.

제임스 케빈 전[前] 회장 등 경영진은 위험을 분산하는 포트폴리오 원칙을 지키지 않았고, 부실덩어리로 판명난 모기지와 투자위험이 높은 헤지펀드에 사업을 집중했다. 앨런 슈워프 최고경영자[CEO]는 JP모건에 매각되기 이틀 전에 한 방송에 출연해 "시장상황 변화에 능동적으로 대처할 정도의 자금을 확보하고 있다"며 사실을 은폐하고 거짓말까지 했다.

결국 베어스턴스의 몰락은 "세계 금융시장을 지배한다"는 자아도취에 빠져 방향 감각을 상실한 미국 투자은행의 단면을 여실히 보여준다.

리먼브러더스의 파산

미국 5위의 투자은행인 베어스턴스가 경영부실을 견디지 못하고 JP모건에 매각된 지 6개월도 되지 않아 미국 4위의 투자은행인 리먼브러더스가 미국 연방정부에 파산보호신청을 했다.

리먼브러더스는 2008년 9월 15일 뉴욕 남부 지방법원에 파산보호를 신청했다. 파산법원의 감독 아래 기업회생 절차를 밟게 되는데 한국으로 보자면 법정관리 체제에 들어간 셈이다. 기업을 최종 부도처리하기 이전에 구조조정과 정부지원으로 회생할 수 있는 기회를 한번 줘 보겠다는 의미다. 158년의 역사를 자랑하는 리먼브러더스로서는 미국 정부에 돈을 구걸하는 치욕의 날이었다.

뱅크오브아메리카[BoA], HSBC, 바클레이즈, 한국의 산업은행, 중국투자공사[CIC] 등이 리먼브러더스 인수에 관심을 표명하기도 했지만 부실

규모를 파악할 수 없을 정도로 경영상태가 엉망인 리먼브러더스 인수전에서 결국 손을 떼고 말았다. 회사로서의 존립가치가 없다는 판단에서다.

리먼브러더스는 2008년 3분기 순손실이 158년 역사상 최대인 39억 달러(주당 5.62달러)를 기록했다. 또 주택담보대출에 따른 손실을 포함해 56억 달러의 부실자산을 상각 처리했다. 특히 리먼브러더스는 2007년 미국의 최대 모기지 채권인수업체로 떠오를 정도로 모기지 시장에 적극 참여했는데 시장점유율이 10%에 달할 정도였다. 그만큼 부동산 거품붕괴에 따른 직격탄을 맞을 수밖에 없었다.

한국의 산업은행이 리먼브러더스 지분 25%를 사들이기 위해 협상을 진행하고 있을 당시 전광우 금융위원장은 "리먼브러더스 인수는 신중하게 접근해야 한다"며 경계론을 폈다. 알려지지 않은 부실규모가 속속 나타날 가능성이 높은 상태에서 섣불리 리먼브러더스를 인수하는 것은 위험하다는 생각에서였다.

결국 산업은행은 리먼브러더스 지분인수에서 손을 뗐고, 다른 글로벌 금융기관들도 리먼브러더스 인수를 포기했다. 부실규모를 확인할 수 없을 만큼 회사 부실이 컸기 때문이었다.

리먼브러더스는 파산보호신청을 하기 전 지난 1년 동안 전체 직원의 22%에 해당하는 6,400명을 정리하는 등 강도 높은 구조조정을 단행했지만 효과가 없었다. 경영부실을 치유하기에는 시간이 너무 부족했다. 응급실에 실려 온 환자를 수술대에 올려놓고 메스를 들이댔지만

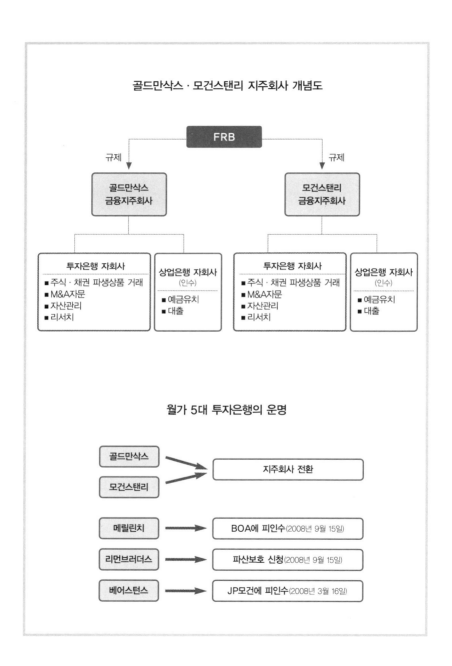

골드만삭스 · 모건스탠리 지주회사 개념도

FRB

규제

규제

골드만삭스
금융지주회사

모건스탠리
금융지주회사

투자은행 자회사
- 주식 · 채권 파생상품 거래
- M&A자문
- 자산관리
- 리서치

상업은행 자회사
(인수)
- 예금유치
- 대출

투자은행 자회사
- 주식 · 채권 파생상품 거래
- M&A자문
- 자산관리
- 리서치

상업은행 자회사
(인수)
- 예금유치
- 대출

월가 5대 투자은행의 운명

골드만삭스

모건스탠리

지주회사 전환

메릴린치 → BOA에 피인수(2008년 9월 15일)

리먼브러더스 → 파산보호 신청(2008년 9월 15일)

베어스턴스 → JP모건에 피인수(2008년 3월 16일)

암세포가 온몸에 퍼져 있어 손을 쓸 수가 없는 상태였다.

헨리 폴슨 미 재무장관은 미국 5대 투자은행인 베어스턴스에 대해서는 구제 금융 지원을 해주었지만 리먼브러더스에 대해서는 금융 지원을 아예 포기할 정도로 리먼브러더스는 곪을 대로 곪아 있었다. 150년 이상의 역사를 자랑하면서도 하루아침에 법정관리를 받는 처량한 신세로 전락한 리먼브러더스는 과연 어떤 회사일까?

리먼브러더스의 역사

리먼브러더스Lehmon Brothers는 독일계 유대인 집안인 '리먼Lehmon家'의 헨리, 엠마뉴엘 그리고 메이어 3형제가 1850년에 설립했다.

처음에는 남부의 앨라배마 주 몽고메리에서 무역회사로 시작했지만 1887년 뉴욕증시로 진출한 다음 2년 뒤 증권인수 업무에 뛰어들어 승승장구하게 된다. 20세기 초에는 리먼가의 2세들이 증권사를 상속받은 뒤 본격적으로 투자은행IB 분야에 진출한다. 1984년에는 신용카드 회사인 아메리칸 익스프레스American Express에 인수되기도 했지만 10년 뒤인 1994년에는 독립회사로 분리된다.

리먼브러더스는 채권거래 영업이익이 회사 전체 영업이익의 50%를 넘어설 정도로 채권업무에 강한 회사였기 때문에 월스트리트에서 '채권 강자'의 입지를 확고히 다질 수 있었다. 하지만 리먼브러더스는 결국 채권으로 무너졌다.

2000년대 초 앨런 그린스펀 연방준비제도이사회^{FRB} 의장이 저금리 정책을 전개하자 신용도가 낮은 서민들을 대상으로 서브프라임 모기지대출에 나섰고, 모기지 채권을 다시 유동화 시켜 모기지유동화증권^{MBS}을 대거 발행했다. 리먼브러더스는 MBS 분야와 월가에서 핵심적인 역할을 수행했다.

하지만 리먼브러더스의 화려했던 시절은 서브프라임 모기지부실과 글로벌 신용경색으로 종말을 고하게 된다. 서서히 끓어오르는 냄비 속에 던져진 개구리가 온도 변화를 감지하지 못하고 죽어가는 것처럼 리먼브러더스도 역사 속으로 사라지는 운명을 맞이하게 된 것이다.

기구한 운명의 메릴린치

뉴욕 남부의 월스트리트 주변에는 황소동상이 있다. 누런 황소가 거친 콧김을 뿜어내며 질주할 태세다. 남성의 경우 뿔을 잡으면 행운이 찾아오고 여성의 경우 황소의 고환을 잡으면 운수 대통한다는 속설이 있다.

황소동상은 언제나 주식시장이 강세를 나타내기를 바라는 서민들의 마음을 담고 있다. 황소동상을 회사의 엠블럼으로 사용하고 있는 투자은행이 메릴린치이다.

메릴린치는 1914년 찰스 메릴^{Charles Merrill}이 설립했고 이듬해 에드먼드 린치^{Edmund Lynch}를 파트너로 영입하면서 오늘날의 이름을 가지게 되었다.

1956년 포드 자동차의 기업공개^{IPO}를 맡아 수십억 달러의 업무를 성공적으로 수행하며 이름을 떨쳤고, 1964년부터는 정부국채시장에도 뛰어들었다. 이후 부동산업무, 자산관리, 옵션매매 등으로 사업영역을 확대하고 영국 런던과 일본 도쿄 등으로 지점을 넓히면서 세계적인 투자은행으로 발돋움하게 된다. 1971년에는 뉴욕증권거래소^{NYSE}에 주식공개를 했다.

메릴린치는 창의적이고 혁신적인 상품개발로 투자은행으로서의 입지를 확고히 굳힌다. 지금은 한국 금융시장에서도 큰 인기를 끌고 있는 머니마켓펀드^{MMF}라는 금융상품을 개발해 히트를 쳤고, 1개의 증권계좌로 다양한 금융거래가 가능한 현금관리계좌^{CMA}도 만들어냈다.

2005년 메릴린치는 중개회사로는 세계 최대 규모를 자랑했다. 월스트리트에서 가장 막강한 영업 및 판매 인력을 보유하며 중개 업무를 수행했다. 메릴린치는 골드만삭스, 모건스탠리에 이어 미국의 3대 투자은행으로 급성장하게 되었다.

하지만 메릴린치도 서브프라임 모기지 사태를 피해갈 수는 없었다. 모기지 업체를 공격적으로 인수하고, 수익성이 보장되지 않는 자산에 무리하게 투자하면서 경영부실이 현실로 나타났다.

2007년 10월 흑인 최고경영자 스탠리 오닐을 물러나게 하고, 존 테인 당시 뉴욕증권거래소^{NYSE} 회장을 새로운 CEO로 영입했지만 경영부실을 되돌리기에는 역부족이었다. 2008년 6월 말 손실은 192억 달러에 달했다. 시간을 지체하다가는 파산이 불가피할 정도로 회사경영은 벼랑 끝으로 내몰리고 있었다.

결국 메릴린치는 94년의 역사에 마침표를 찍고 2008년 9월 15일 미국 최대 상업은행인 뱅크오브아메리카^{BoA}에 팔리게 된다. 매각금액은 440억 달러(주당 29달러). 메릴린치는 리먼브러더스의 파산이 임박하자 향후 파장을 우려해 뱅크오브아메리카와 48시간의 초고속 매각 협상을 진행하고 문을 닫는다. 그만큼 상황이 급박했음을 보여준다. 당시 뉴욕 연방은행 총재였던 티모시 가이스너는 글로벌 금융시장 붕괴를 막기 위해 메릴린치 측에 회사매각을 적극적으로 권유했을 정도였다.

20세기 들어와 세계 금융시장의 황제임을 자임했던 미국 투자은행들이 하나 둘씩 문을 닫고 있다. 5위 회사인 베어스턴스는 JP모건에 팔렸고, 4위 회사인 리먼브러더스는 파산보호신청을 했다. 그리고 3위 회사인 메릴린치는 간판을 내리고 뱅크오브아메리카에 매각됐다.

미국 투자은행 상위 5개사 중 3개사가 문을 닫았다. 1위 회사인 골드만삭스와 2위 회사인 모건스탠리도 투자업무 비중을 줄이며 경영 정상화에 안간힘을 쏟고 있다. 골드만삭스와 모건스탠리는 투자은행^{IB}의 간판을 내리고 예금과 대출업무를 중심으로 하는 상업은행^{CB} 지주회사 체제로 발 빠르게 전환했다.

이로써 월스트리트 자본주의를 대표했던 5대 투자은행[IB]이 사라지게 된 셈이다. 골드만삭스와 모건스탠리가 상업은행 지주 체제로 변신한 것은 미국 연방정부로부터 금융 산업 구제책에 따른 예산을 지원받는 대신 미 연방준비제도이사회[FRB]의 금융규제를 수용하겠다는 의미를 담고 있다. 너무 까불지 않고 정부의 말을 잘 듣겠다며 고개를 숙인 것이다.

미국식 자본주의를 전파하며 국제 금융시장을 쥐락펴락했던 미국 은행들이 추락하고 있다. 간판을 내리고 문을 닫고 있다. 통제되지 않는 탐욕으로 파생상품 개발과 신용창출에 나서면서 그들은 스스로 무덤을 파고 만 것이다.

03. 구제 금융 신청하는 주정부

    미국은 50개의 주州로 구성된 연방정부이다. 개별 주들이 연방정부의 통제와 관리에서 벗어나 독립적으로 예산과 재정을 운영한다. 연방정부가 국내총생산^{GDP}의 4%를 넘어서는 예산적자로 골머리를 앓고 있는 것처럼 주정부도 자금고갈 위기에 처해 있다. 자칫 잘못하다가는 주州정부들이 파산을 선언할 정도로 재정이 취약한 상태이다.

    연방정부와 마찬가지로 주정부도 들어오는 세금보다 더 많은 돈을 흥청망청 사용하기 때문에 재정이 고갈되고 있는 것이다.

연방정부에 손 벌리는 캘리포니아

경제력 측면에서 전 세계 8번째에 해당하는 미국 캘리포니아 주가 자금고갈 상태에 처해 있다. 동부의 휴양지 플로리다를 비롯해 네바다, 메사추세츠, 오하이오 주 등 다른 주들도 사정은 마찬가지다.

지난 2008년 10월 아널드 슈워제너거 캘리포니아 주지사가 헨리 폴슨 미 재무장관에게 70억 달러의 긴급자금 지원을 요청하는 편지를 보냈다. 주정부의 자금사정이 악화되고 있으니 연방정부가 나서서 돈을 지원해 달라는 내용이었다. 슈워제너거 주지사는 "캘리포니아 주의 신용경색이 연방정부가 생각하는 것보다 심각하고 위태롭다. 만약 연방정부가 자금지원을 신속하게 해주지 않으면 교사나 경찰, 소방관 등 공공서비스 공무원들에게 임금조차 지불할 수 없다"고 호소했다.

영화 '터미네이터'에서 보여주었던 남자다움과 강인함은 온데간데 없고 연방정부에게 손을 벌리는 주지사의 힘없는 모습이 TV화면을 통해 클로즈업되었다. 주州를 대표하는 주지사가 TV를 통해 연방정부에 구제 금융을 신청해야 할 정도로 캘리포니아 주의 재정 상태는 엉망이다. 로스엔젤레스LA에 있는 밀켄연구소에 따르면 캘리포니아 주는 재정기반이 취약해 외부차입을 통해 2~3주를 간신히 연명해 나가고 있을 정도로 재정상태가 최악이다.

매년 1월 새로운 회계연도가 시작되는 한국과 달리 미국 정부의 예산 회기는 매년 9월에 끝나고 10월에 시작된다. 캘리포니아 주는 예산

자금이 고갈되는 10월쯤 지방채를 발행해 예산을 운용하고, 3~4개월 후부터 세금이 들어오면 이것으로 만기가 돌아오는 지방채를 순서대로 갚는다. 하지만 2008년 글로벌 금융위기와 부동산시장 침체로 세수가 크게 줄어든 데다 지방채 발행시장이 꽁꽁 얼어붙으면서 자금조달이 사실상 막히게 되었다.

사회간접자본^{SOC} 투자, 의료·복지 혜택, 공무원 봉급 등 고정적으로 지출해야 하는 비용은 눈덩이처럼 늘어나고 있는데 경기침체로 국민들로부터 거둬들이는 세금은 계획된 규모를 크게 밑돌았다. 또 지방채를 발행하려고 해도 국내외 투자자들이 금융시장 불안과 주정부의 재정건전성 악화를 이유로 채권 매입을 꺼렸기 때문에 자금조달도 여의치 않았다.

SOS 외치는 주정부들

다른 주들도 사정은 마찬가지였다. 플로리다, 네바다, 메사추세츠, 오하이오 주 등도 재정이 고갈돼 자체 예비예산으로 간신히 연명해 나가고 있을 뿐이었다.

2008년 10월 4일 티모시 캐힐 메사추세츠 주정부 재무관도 헨리 폴슨 재무장관에게 주정부의 예산집행에 차질이 빚어지고 있는 긴급 상황을 알리고, 자금지원을 요청했다.

세계 최고의 부자도시인 뉴욕 주는 12억 달러의 비상예산이 고갈된 가운데 간신히 6억 5,000만 달러의 채권을 발행했다. 플로리다 주는 재정적자가 크게 확대되면서 2008년 하반기 2억 달러 규모의 지방채를 발행하는 데도 실패했다.

뉴멕시코 주는 5억 달러 규모 채권발행을 연기했고, 메인 주는 채권발행으로 자금을 조달하려던 도로건설 계획을 취소하는 방안을 검토했다. 지방채에 투자하면 세금혜택을 볼 수 있는데도 투자자들이 주정부의 지방채 투자를 외면했다는 것은 그 만큼 주정부의 재정신뢰도가 땅에 떨어졌다는 것을 의미한다. 연방정부와 마찬가지로 지방정부도 만성적인 재정적자를 지속하면서 유동성 고갈상태에 빠질 수 있다는 것을 여실히 보여주고 있는 것이다.

고대 로마는 변방이 무너지면서 제국이 멸망했다. 군대를 책임지는 외국 용병들에게 지급해야 할 재원이 없어지자 용병들은 하나 둘씩 로마를 떠났다. 미국 연방정부와 마찬가지로 주정부들도 심각한 재정적자에 허덕이고 있다. 세입을 초과하는 예산을 집행하고 있고, 경기침체로 세수가 크게 감소하면서 재원조달도 쉽지 않은 상황이다. 미국경제패권의 쇠락은 주정부에서도 확인할 수 있는 것이다.

04. R의 공포

미국경제가 침체국면으로 빠져들고 있다. 'R의 공포'가 미국경제는 물론 글로벌 경제로 빠르게 확산되고 있으며, 시간이 지날수록 파괴의 강도는 더욱 강해지고 있다.

R은 '경기침체^{Recession}'를 의미한다. 경기침체는 통상 국내총생산^{GDP} 성장률이 2분기 연속 마이너스를 기록하는 것으로 정의되는데 미국경제는 불행하게도 장기 복합불황 조짐을 보이고 있다. R의 공포는 경제 흐름의 동맥을 마비시킨다. R의 공포 아래에서 경기침체 → 물가하락 → 투자위축 → 실업증가 → 수요 감소 → 부동산·주식폭락 → 기업파산 → GNP 성장률 하락 등의 악순환 고리가 만들어지기 때문이다.

국민들은 저축을 하지 않고 소득보다 더 많은 돈을 소비했고, 연방정부도 산더미 같은 빚을 떠안으면서도 국채^{TB}를 발행해 빚을 더욱 늘린 탓이다. 국제경제 전문가 중에서는 1990년 일본이 겪은 '잃어버린 10년'의 아픈 경험을 미국이 겪게 될 것이라는 암울한 전망도 나오고 있다.

무너진 골디락스의 꿈

일본은 1980년대의 경기호황에도 불구하고 거품을 통제하지 못하면서 1990년대에는 자산 가격이 폭락하고 토픽스^{TOPIX} 주가지수가 급락했다. 미국경제가 일본의 전철을 밟을 것이라는 분석이 점점 힘을 얻고 있다.

GDP 성장률에서 이 같은 사실을 확인할 수 있다. 미국경제는 2000년대 들어 저금리에 기반을 둔 주택시장 호황과 주가지수 상승으로 2006년까지만 하더라도 4~5%의 성장률을 달성했다. 물론 이 같은 견고한 경제성장 이면에는 자산 가격과 주택시장의 거품이 포함되어 있었지만 말이다.

하지만 거품붕괴가 본격화되면서 2007년에는 성장률이 2.0%로 뚝 떨어졌다. 특히 2008년 들어서는 1분기의 경우 성장률은 0.9%로 하락했고 2분기에는 2.8% 증가에 그쳤다. 미국 정부가 잠재성장률로 설정하고 있는 3%대 성장은 물 건너간 양상이다. 미국경제가 1930년대 대공황 이후 최악의 금융위기와 경기침체를 겪고 있다는 진단이 나오고 있는 것은 이와 같은 이유에서다.

국제통화기금IMF은 2008년 10월 발표한 '세계 경제전망WEO 보고서'를 통해 미국의 실질 국내총생산GDP 성장률이 2008년에는 1.6%에 그칠 것으로 전망했다. 또 2009년에는 미국의 성장률이 0.1%로 급격히 둔화될 것이라고 경고했다. 미국경제가 사실상 '제로 성장'에 빠질 수 있다는 지적이다.

미국경제는 2~3년 전만 하더라도 3~4%의 성장률을 달성하며 '골디락스' 기대를 부풀렸지만 몇 년도 채 지나지 않아 성장률이 0%대로 떨어지는 충격을 세계 경제에 던지고 있다.

나비효과에 빠진 세계 경제

IMF는 미국경제의 장기침체로 전 세계 실질 GDP 성장률이 2007년 5.0%에서 2008년에는 3.9%, 2009년에는 3.0%까지 떨어질 것으로 전망했다. 지역별로는 영국, 독일, 프랑스 등 유럽연합EU의 성장률이 2008년에는 1.3%, 2009년에는 0.2%로 미국과 비슷한 하강곡선을 그릴 것으로 예상했다. 세계 경제의 쌍두마차인 미국과 EU의 경제성장률이 모두 마이너스에 가까운 수준까지 떨어지는 것이다.

IMF는 중국도 두 자릿수 경제성장률 달성이 힘들 것으로 내다보고 있다. 미국 발發 서브프라임 부실사태에 따른 글로벌 금융위기가 대서양과 태평양을 넘어 전 세계에 충격파를 던지고 있다.

주요국 GDP 성장률

(단위: %)

국가	2006년	2007년	2008년	2009년
미국	2.8	2.0	1.6	0.1
일본	2.4	2.1	0.7	0.5
프랑스	2.2	2.2	0.8	0.2
영국	2.8	3.0	1.0	−0.1
중국	11.6	11.9	9.7	9.3
한국	5.1	5.0	4.1	3.5

*2008, 2009년은 전망치   자료: 국제통화기금(IMF)

IMF는 2007년 11.9%의 성장률을 달성하며 세계 경제의 기린아로 등장하고 있는 중국도 성장률이 2008년에는 9.7로 하락하고 2009년에는 9.3%로 떨어질 것으로 전망하고 있다. 일본도 2008년에는 0.7%, 2009년에는 0.5%로 성장률이 크게 떨어지고, 한국도 2008년에는 4.1%, 2009년에는 3.5% 성장에 머물 것이라며 비관적으로 분석했다.

IMF는 미국경제의 장기침체가 '나비효과'를 만들어 내면서 전 세계가 함께 경기침체의 수렁으로 빠져들 수 있다는 메시지를 전달하고 있는 것이다. 미국경제가 콜록콜록 '기침'을 하면 나머지 국가들은

'독감'에 걸린다는 것을 수치로 보여주고 있다.

2007년 8월 미국 서브프라임 부실사태가 터지기 이전부터 미국경제의 침체 가능성을 경고해 세계적인 명성을 얻고 있는 로버트 실러 미국 예일대 교수는 다음과 같이 지적한다. 그는 2000년 『비이성적 과열Irrational Exuberance』이라는 저서를 통해 미국의 거품경제를 정확히 짚었다.

"미국의 실업률이 6.0%를 넘어선 점을 감안하면 미국경제는 이미 침체국면에 빠져 들었다. 미국의 주택 가격은 앞으로도 계속 떨어질 것이며, 이에 따라 신용위기는 더욱 악화될 것이다. 미국의 주택 가격은 고점 대비 20% 가량 떨어졌고, 이 같은 추세가 지속된다면 대공황 당시인 1930년대의 집값 하락폭인 30%를 넘어설 위험도 있다. 안타깝게도 주택시장의 버블이 해소되기까지는 수년이 소요될 것으로 본다. 미국은 1990년대 일본경제와 비슷한 방향으로 나아가고 있다. 미 연방준비제도이사회FRB가 금리를 지속적으로 낮추고 있지만 경기를 살리기에는 역부족이다. 금리를 내릴 대로 내린 만큼 앞으로 금리인하를 통한 경기부양도 벽에 부딪힐 것으로 보인다. 일본은 1990년대 금리를 '0제로' 수준까지 내렸다. 하지만 경제는 활성화되지 못했다. 문제는 미국의 장기불황이 전 세계로 확산되고 있으며, 이 같은 악순환이 앞으로 속도를 낼 것이라는 점이다."

미국경제의 거시지표를 살펴보면 실러 교수의 경고가 한낱 경고에 그치지 않고 미래의 현실이 될 수 있음을 확인할 수 있다.

미국 소비자들의 눈물

먼저 실업자가 급증하고 있다. 부실의 진원지인 금융회사들은 인력 감축에 돌입했으며, 제너럴모터스[GM], 포드, 크라이슬러 등과 같은 자동차회사들은 물론 제조 기업들이 금융위기에 휘둘리며 직원들을 구조조정하고 있다. 경기불황이 가중될수록 실업자 수는 더욱 늘어날 것이다.

2007년 전체 실업률은 4.6%였지만 2008년 1분기에는 4.9%, 2분기에는 5.3%로 치솟았다. 또 2008년 7월에는 5.7%, 8월과 9월에는 6.0%를 넘어섰다. 짧은 기간 동안 실업률이 지속적으로 상승 곡선을 그리고 있다.

2008년 9월의 경우 비[非]농가 취업자 수는 15만9,000명이나 줄어들었으며, 9개월 연속 감소세를 나타냈다. 이는 15개월 연속 고용이 감소했던 2001년 경기침체 때의 평균 월간 취업자 수 감소규모(14만7,000명)를 상회하는 수준이다. 이를 통해 고용상황이 2001년보다 심각하다는 것을 알 수 있다.

자산가치가 떨어지면서 소득이 줄어든 미국 국민들은 소비마저 축소하고 있다. 가처분소득을 초과하는 돈을 펑펑 사용하며 소비에 열광했던 미국 국민들이 얄팍해진 지갑을 확인하고서는 제정신을 차리고 있다.

2007년 개인소비는 2006년에 비해 2.9% 늘어났지만 2008년 1분

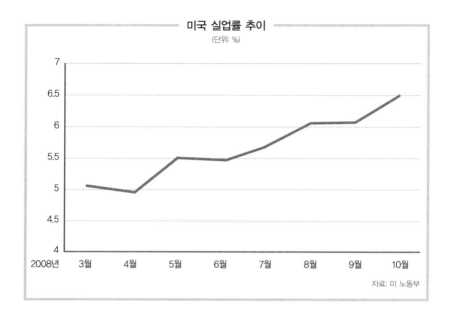

미국 실업률 추이

(단위: %)

자료: 미 노동부

기에는 1.1%로 떨어졌고, 4월에는 0.2%, 5월에는 0.4%에 그쳤다. 집 값이 급락하고 다우존스 주가지수가 1만선 아래로 떨어진 상황에서 개 인들은 소비를 줄일 수밖에 없다.

미시간대학이 발표하는 소비자신뢰지수의 경우 2007년에는 85.6 을 나타냈지만 2008년 1분기에는 72.9, 4월에는 62.6, 5월에는 59.8, 6월에는 56.4까지 크게 떨어졌다. 소비자신뢰지수는 미국의 경제 상 태를 나타내는 대표적인 경기 선행지수 중의 하나이다. 현재의 지역경 제 상황과 고용상태, 6개월 후의 지역경제, 고용, 가계수입에 대한 전 망 등을 조사해 발표한다. 지수는 1985년 평균치를 100으로 기준해 비율로 표시한다.

　미국경제의 70%를 차지하는 소비가 위축됨에 따라 기업실적 악화
→ 감원 및 투자 축소 → 가계소득 악화 →경기침체로 이어지는 악순
환이 되풀이될 가능성이 높다.

　미국 굴지의 일간신문인 뉴욕타임스NYT는 소비위축과 감원의 악순
환으로 2008년 10월 기준 6.1%인 실업률이 2009년 중반에는 반세기

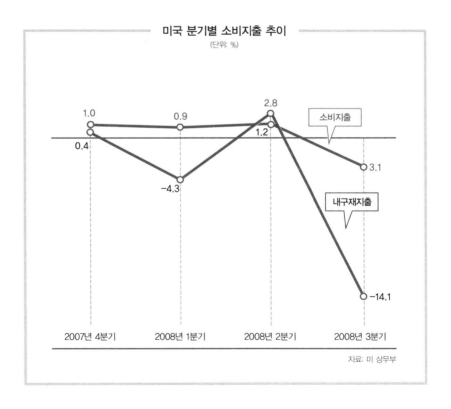

미국 분기별 소비지출 추이
(단위: %)

2007년 4분기　　2008년 1분기　　2008년 2분기　　2008년 3분기

자료: 미 상무부

만에 처음 8%도 넘어설 것이란 전문가들의 전망을 전했다. 이에 따르면 전문가들은 경기가 1980년대 초반이나 심지어는 오일쇼크 당시인 1970년대 이후 가장 고통스러운 침체상태로 들어가고 있다고 진단했다.

MFR의 수석 이코노미스트인 조시 샤피로는 "미국 소비자들이 임금 소득은 늘어나지 않고 신용사정은 빡빡해지는 가운데 집값은 떨어지는 환경에 처해 있다"며 "이는 심각한 경기침체로 이어지게 될 것"이라고 분석했다.

팔리지 않는 미국 상품

소비자들이 지갑을 닫으면 기업들은 제품을 생산해도 상품이 팔리지 않는다. 생산산업의 경우 2007년은 2006년에 비해 1.7% 소폭 상승했지만, 2008년 1분기에는 0.4%, 2분기에는 -3.1%를 기록했다.

세계 통신사들도 미국 제조업이 벼랑 끝으로 내몰리고 있다는 것을 경고하고 있다. 블룸버그뉴스와 AP통신은 2008년 11월 "미국 제조업이 1982년 이후 가장 빠른 속도로 침몰하고 있다"고 우려했다.

미국 공급관리자협회ISM가 발표하는 ISM 제조업지수는 2007년 51.1을 기록했지만 2008년 1분기에는 49.2, 2분기에는 49.5를 나타냈다. 이후 ISM 제조업지수는 6월 50.2, 7월 50.0, 8월 49.9, 9월 43.5,

그리고 10월에는 38.9까지 떨어졌다. ISM 제조업지수가 38.9까지 급락한 것은 1982년 이후 처음이다.

ISM 제조업지수는 미국 내 20개 업종, 400개 이상 회사를 대상으로 매달 설문조사를 통해 산출하는 지수이다. 이 지수가 50 이상이면 산업이 확장되고 있음을 나타내고, 50 이하이면 산업이 수축되고 있음을 의미한다. 미국의 ISM 제조업지수가 평균치인 50은 고사하고 38 수준까지 떨어졌다는 것은 그만큼 미국 기업생산과 제조업이 급격히 위축되고 있음을 보여준다.

금융위기로 촉발된 신용경색이 기업생산과 제조업 분야로 빠르게 확산되면서 실물경기마저 꽁꽁 얼어붙고 있으며, 반등은커녕 시간이 지날수록 하락폭은 더욱 깊어지고 있다. 미국경제가 'R의 공포'라는 수렁으로 빠져들고 있는 것이다.

필자가 2004년부터 2007년까지 뉴욕특파원으로 있는 동안 여러 번 인터뷰를 가졌던 누리엘 루비니 뉴욕대 교수는 미국경제를 엄습한 'R의 공포'를 다음과 같이 설명한다. 루비니 교수는 미국 서브프라임 부실사태에 따른 글로벌 금융위기를 2006년 누구보다 빨리 경고해 세계적인 명성을 얻고 있는 인물이다. 그는 주택시장의 버블붕괴로 시작해 은행 파산, 주가 폭락 등으로 이어지는 '12단계 불황 시나리오'를 주장하고 있다.

"미국은 앞으로 40년 내에 최악의 경기침체를 겪을 것이다. 금융시장과 미국경제에 여전히 심각한 위험이 도사리고 있고, 우리는 경기침체와 금융손실이 우리에게 얼마나 큰 피해를 줄 것인지 피부로 느끼게 될 것이다. 경기침체는 앞으로 18~24개월간 지속될 것으로 본다. 현재 6%대인 실업률은 9%까지 치솟을 것이며, 주택 가격은 앞으로 15% 가량 더 떨어질 것이다(2008년 10월 발언)."

금융과 실물부문의 복합불황이 겹치면서 미국경제를 강타하고 있는 'R의 공포'가 앞으로 수년 동안 지속될 것이라는 루비니 교수의 지적이 설득력을 얻고 있다. 2000년대 중반까지만 하더라도 미국 정부가 입에 침이 마르도록 내세웠던 '골디락스 경제'는 백일몽에 불과했으며, '경기침체'가 본래의 모습이라는 것을 미국경제는 보여주고 있다.

05. 유동성 함정에 빠진 엉클 샘

미국경제가 '유동성 함정Liquidity Trap'에 빠져들고 있다. 유동성 함정이 길어진다는 것은 달리 말해 경기불황이 심화된다는 것을 의미한다. 미국의 장기불황 구조를 이해하기 위해서는 유동성 함정의 개념을 먼저 알아야 한다.

'유동성 함정'은 중앙은행이 금리를 내려 시중에 돈(유동성)을 풀더라도 민간소비와 기업투자가 살아나지 않는 상태를 말한다. 정부가 경기를 부양하기 위해 금리인하를 꾀하더라도 소비 및 투자심리가 꽁꽁 얼어붙어 경제 불황이 지속되는 것이다. 지난 1930년대 세계 대공황 때 미국 등 각국 정부가 돈을 풀었지만 경기가 살아나지 않고 장기불황이 지속됨에 따라 영국의 경제학자 존 메이너드 케인즈가 붙인 경제 용어다.

힘 잃는 고전학파

여기서는 세계 경제를 해석하는 2가지 시각, 즉 고전학파古典學派와 케인즈학파에 대해 먼저 알아보고, 유동성 함정에 대해 살펴보도록 하자.

고전학파는 시장은 자기교정 능력을 가지고 있기 때문에 자연치료가 된다고 주장한다. 시장에 혼란이 생기더라도 '보이지 않는 손'에 의해 자기조정 기능을 갖는다는 것이다.

시장은 국가의 간섭이 없어야 효율적으로 작동하며, 국가가 시장에 개입할 때에는 또 다른 시장왜곡을 낳는다는 것이 고전학파의 핵심 내용이다. '그냥 내버려 두어라'가 고전학파의 모토이다.

2006년 11월 세상을 떠난 밀턴 프리드먼Milton Friedman,1912~2006이 대표적인 통화주의자다. 케인즈와 함께 20세기 가장 위대한 경제학자로 꼽히는 사람으로 그는 '자유주의 시장경제의 창시자' '통화주의의 대부'로 불리고 있다.

프리드먼은 재정정책 등 정부의 시장개입은 가능한 한 최소화하고, 모든 경제활동은 시장에 맡겨야 한다고 말한다. 정부는 작을수록 좋고 시장은 놔둘수록 좋다는 것이다.

그의 주장은 석유파동석유가격 급등 여파로 인플레이션물가상승 홍역을 겪으며 정부개입의 한계가 드러난 1970년대 들어 케인즈 주의 아성을 무너뜨리며 주목을 받았다. 그는 시장경제에 기여한 공로를 인정받아 1976년 노벨경제학상을 수상했다.

미국에서는 닉슨, 포드, 레이건, 부시 대통령 등과 같이 공화당 정부가 프리드먼의 경제이론과 철학을 받아들여 정부개입을 최소화하는 경제정책을 집행했다. 영국에서는 '철의 여인'으로 불리는 대처 전前 영국 총리가 프리드먼의 경제이론을 받아들여 강력한 시장경제를 추구했다.

프리드먼은 1912년 뉴욕 빈민가 브루클린에서 가난한 유태인의 아들로 태어났다. 뉴욕 컬럼비아대에서 박사학위를 받은 해인 1946년부터 30년 동안 시카고대에서 교편을 잡았다. 이 때 그의 경제이론과 자유주의 시장경제를 신봉했던 대학생과 연구원들이 시카고대로 몰려와 이른바 '시카고학파'를 형성했다. 프리드먼은 자유주의 시장경제를 중시하는 시카고학파의 창시자인 것이다.

프리드먼은 통화주의자로 불린다. 시장경제에 문제가 발생할 때에는 정부는 개입하지 말고 화폐공급량을 통해 문제를 해결해야 한다고 주장했다.

경제가 침체국면에 빠졌을 때에는 재정확대, 공공지출 증가 등과 같은 조치를 취해서는 안 되며 금리인하를 단행하는 방식으로 시중에 돈(통화량)을 풀어 경기를 부양해야 한다는 것이다. 즉 '금리인하'를 통한 경기부양이 프리드먼 경제이론의 핵심이다.

프리드먼을 앞세운 통화주의는 큰 묶음으로 보면 '경제학의 아버지'로 불리는 아담 스미스, 『인구론』을 저술한 맬더스, 리카르도로 이어지는 고전학파 경제학에 뿌리를 두고 있다.

힘 얻는 케인즈학파

이 같은 고전학파에 반기를 들고 일어난 인물이 존 메이너드 케인즈 _{John Maynard Keynes, 1883~1946}이다. 그는 시장에 대한 정부개입을 강조한다. 시장이 제대로 작동하지 않는 상태, 즉 '시장실패' 가 나타날 때에는 정부가 적극적으로 개입해 잘못 돌아가는 시장을 바로 잡아야 한다고 말했다.

미국의 37~38대 대통령이었던 리처드 닉슨은 뉴딜정책_{경기부양정책}을 만들어 미국이 1930년대의 대공황을 극복하는 데 큰 역할을 한 케인즈를 칭송해 '우리는 모두 케인즈주의자' 라고 외치기도 했다. 영국의 대표적인 경제신문 파이낸셜타임즈^{FT}는 2008년 10월 15일 '케인즈의 귀환' 이라는 기사에서 대공황 이래 최악의 금융위기를 겪고 있는 글로벌 경제에 케인즈가 다시 주목받고 있다는 기사를 실었다.

미국의 서브프라임 부실사태 및 파생금융상품 거품 등은 정부가 제대로 시장에 개입하지 않고 수수방관했기 때문에 초래된 당연한 결과이다. 극심한 경기불황과 신용경색에 시달리는 미국 정부가 재정지출을 늘려 7,000억 달러에 달하는 구제 금융을 단행하는 한편 주요 은행과 보험사를 국유화하고 있는 것도 케인즈 식 처방을 따르는 것이다.

1930년대 세계 대공황을 극복하는 데 이론적 근거를 제시했던 케인즈주의는 그 동안 전 세계적으로 전개되고 있는 '세계화' '작은 정부' 물결에 묻혀 제 목소리를 내지 못했다. 하지만 2008년 글로벌 금융위기를 계기로 다시 스포트라이트를 받고 있다.

버락 오바마 미국 대통령과 경제자문들도 "재정적자를 줄이기 위해 허리띠를 졸라매면 결국 대공황과 같은 실수를 되풀이하게 될 것"이라며 재정확대를 강조하고 있다. 경기침체 국면에서는 케인즈가 제시하는 '재정확대'를 통한 경기부양이 안성맞춤이라는 설명이다.

지금까지 세계 경제이론의 쌍두마차인 고전학파(통화주의 포함)와 케인즈학파의 핵심이론이 무엇이며, 경기침체를 해소하기 위해 어떠한 해결책을 제시하고 있는지 살펴보았다. 요약하면 고전학파는 정부 개입은 최소화하되 '금리^{통화}정책'을 통해 경기부양에 나설 것을 강조한다. 이에 반해 케인즈학파는 시장에 문제가 있으면 정부가 신속하고 적극적으로 개입해야 하며 경기침체가 나타날 때에는 재정지출을 늘리는 '재정정책'을 펼쳐야 한다고 반박한다.

지금까지 고전학파와 케이즈학파의 차이점을 살펴보았고, 이제 유동성 함정에 빠진 미국경제를 알아보도록 하자.

일본 전철을 밟는 미국경제

앞에서 설명한 것처럼 국가가 금리를 내리면 일반적으로 소비가 살아나고 기업생산과 투자가 늘어난다. 금리를 인하하면 개인들은 이자부담이 줄어들어 소비를 늘리게 되고, 기업들도 은행에서 대출받은 자금의 이자 부담이 경감되기 때문에 투자를 늘린다. 고전학파에서 주장하는 것처럼 금리인하를 통한 경기부양이 가능한 것이다.

하지만 금리를 인하해도 경기가 살아나기는커녕 경기침체가 지속되는 경우가 발생하기도 한다. 경기침체 및 복합불황으로 중앙은행이 금리를 내리더라도 국민들의 소비심리가 꽁꽁 얼어붙고 기업들도 몸을 사리면서 투자를 하지 않기 때문이다. 이것이 바로 '유동성 함정'이다.

미국경제가 바로 유동성 함정에 빠져 있다. 향후 경제에 대한 확신이 없고 투자심리가 불안하기 때문에 국민들은 소비를 꺼리고 있고, 기업들도 생산 활동에 선뜻 나서지 못하고 있다. 경제 분석가들이 미

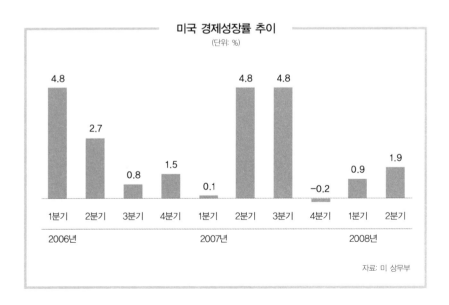

미국 경제성장률 추이
(단위: %)

	2006년			2007년				2008년	
4.8	2.7	0.8	1.5	0.1	4.8	4.8	−0.2	0.9	1.9
1분기	2분기	3분기	4분기	1분기	2분기	3분기	4분기	1분기	2분기

자료: 미 상무부

국경제가 오랫 동안 복합불황을 겪을 것으로 내다보는 것은 미국경제가 유동성 함정에 빠져들고 있기 때문이다.

1980년대의 호황에도 불구하고 경제거품을 제대로 통제하지 못해 1990년대 10년 동안 장기불황을 겪은 일본은 당시 유동성 함정에 빠져 있었다. 일본경제는 지금도 유동성 함정의 긴 터널을 완전히 벗어나지 못하고 있을 정도로 유동성 함정의 파괴력은 크다.

현재도 그렇지만 1990년대 일본의 이자율은 거의 '0^{계로}' 에 가까울 정도로 낮았다. 은행에 예금을 해도 이자는 거의 기대할 수 없었으며 물가상승률을 감안하면 오히려 은행에 예금을 하면 실질이자율은 떨어지는 현상이 나타났다. 경기침체가 길어지면서 국민들은 지갑을 닫았고, 기업들은 투자에 나서지 않았다. 일본은 유동성 함정에 빠져 있었기 때문에 일본 중앙은행이 아무리 금리를 내려도 소비와 투자가 살아나지 않았던 것이다.

오늘날 미국경제는 1990년대 일본경제의 전철을 밟고 있다. 유동성 함정에 빠져들고 있는 것이다.

미국의 공격적인 금리인하

미 연방준비제도이사회^{FRB}는 2000년 초에 형성된 거품을 제거하기 위해 2004년 6월부터 연방금리를 인상하기 시작해 2004년 6월 1.0%

였던 연방기금금리를 2006년 6월에는 5.25%까지 끌어올렸다.

하지만 집값은 오를 대로 올랐고, 자산거품이 터지면서 은행 등 금융회사들의 부도와 도산이 현실로 나타나기 시작했다. FRB가 버블경제를 제대로 예상하지 못하고 너무 늦게 대처했던 것이다.

미국경제가 거품이 터진 이후 침체국면으로 접어들자 FRB는 2007년 9월 5.25%였던 연방금리를 끌어내리기 시작해 2008년 10월에는 1.0%까지 인하했다. 1년 만에 5.25%였던 연방금리를 1.0%까지 빠른 속도로 내릴 정도로 미국경제의 거품이 심각하다는 것을 FRB는 뒤늦게 알아차린 것이었다.

FRB는 2008년 10월 연방금리를 1.0%까지 끌어내리면서 다음과 같은 성명서를 발표했다.

"소비지출이 위축돼 경제 활력이 현저하게 둔화되고 있다. 기업의 설비투자 및 생산 활동도 마찬가지다. 금융시장 불안이 심화되고 있는 점은 소비심리를 더욱 압박할 것으로 보인다."

경기부양을 위해 금리를 1.0%까지 인하했지만 당초의 정책 의도와는 달리 소비와 투자가 함께 위축되면서 불황이 깊어지고 있다는 점을 스스로 인정한 것이었다.

미국경제의 복합불황이 지속되고 FRB가 한차례만 더 연방금리를 인하하면 미국은 '0제로금리' 시대에 돌입하게 된다. 2008년 10월 자넷 옐렌 미국 샌프란시스코 연방은행 총재는 "미국경제가 약세국면을 지속한다면 FRB가 기준금리를 제로금리까지 인하할 수 있을 것"이라며 미국경제의 심각성을 경고했다.

경기불황으로 미국도 일본처럼 제로금리 시대에 돌입할 가능성이 점점 높아지고 있다. 일본은 시라카와 마사아키 일본은행[BOJ] 총재의 지휘 아래 다시 제로금리 시대로 나아가고 있다. 지난 2007년 1월 이후 일본은 0.5%의 기준금리를 유지해 오다 글로벌 신용경색과 경기침체의 위기가 엄습하자 2008년 10월 기준금리를 0.3%까지 내렸다.

미국이 1990년대의 '잃어버린 10년'을 경험한 일본의 전철을 밟을 가능성이 높아지고 있다. 일본은 아직까지도 성장 동력을 회복하지 못하고 소비감소 및 투자저하에 시달리고 있다. 유동성 함정의 늪이 얼마나 깊고 넓은 것인지 알 수 있다.

미국도 금리수준을 1.0% 수준까지 낮추면서 경기부양에 경제정책의 우선순위를 두고 있지만 경기침체는 오히려 더 악화되고 있다. 2008년 3·4분기에 미국은 −0.3%의 성장률을 기록했는데 이는 9·11 테러가 발생한 2001년 이후 처음 있는 일이다. 유동성 함정의 유령이 미국경제를 엄습하고 있으며 시간이 지날수록 미국경제는 더욱 더 깊은 수렁으로 빠져들 것이다.

06. 엄습하는 실물경제 공포

　2007년 하반기부터 촉발된 서브프라임 모기지 부실과 2008년부터 본격화된 금융위기가 실물경제에도 큰 충격을 던져주고 있다. 신용경색으로 소비자들이 소비를 줄이고 기업들이 투자와 생산을 줄이면서 제조 및 유통기업들이 파산 위기에 내몰리고 있으며, 소비 및 생산, 투자, 고용 등 거시경제지표도 암울하기 짝이 없다.

사라진 새로운 성장 동력

　미국은 20세기 초 자동차와 석유, 철도, 항만 등 제조 기업을 성장

동력으로 삼아 글로벌 경제패권을 잡았으며, 제조업을 이어 금융 산업이 경제패권 유지에 일등공신 역할을 했다. 하지만 미국은 제조기반과 금융 산업의 기틀과 근본이 붕괴되면서 이제는 새로운 성장 동력을 모두 잃은 상태이다. 거대한 미국경제가 점점 침몰을 하고 있다는 분석이 나오는 것은 바로 이 때문이다.

미국의 경제는 전쟁을 통해서 새로운 동력을 확보해 왔다. 19세기 중반에는 남북전쟁, 20세기에는 세계 1차 대전과 2차 대전을 통해 무기와 군수물자를 수출하면서 새로운 수입원을 마련할 수 있었다. 미국이 참전하는 전쟁은 '수익'을 가져다주는 경제적인 행위였다.

하지만 미국은 현재 테러와의 전쟁을 수행하고 있다. 세계의 경찰국가를 자임하며 미국이 수행하고 있는 테러와의 전쟁은 이윤이 남는 경제적 행위가 아니라 오히려 미국이 자금과 인력을 투입해야 하는 '손해' 보는 장사인 셈이다. 이전에는 전쟁이 길면 길수록 수익을 챙길 수 있었지만 테러와의 전쟁은 장기전이 되면 미국은 천문학적인 자금 부담을 감수해야 한다.

더 이상 '전쟁의 경제학'은 미국에게 도움이 되지 않는다. 전쟁을 통한 수익창출이 힘들어졌고, 금융 산업은 송두리째 흔들리고 있는 상황에서 그나마 미국경제를 지탱하고 있었던 제조 기업과 실물경제마저 벼랑 끝으로 내몰리고 있다.

미국 제조업의 자존심인 자동차 산업이 도산위기에 빠진 것은 익히 알고 있는 일이다. 자동차 산업뿐 아니라 전자, 유통, 항공, 건설 등을 포함한 대부분의 업종에서 부도의 징후들이 나타나고 있다. 시간이 지날수록 우려는 점점 현실로 나타날 것이다.

서킷시티의 파산

미국 내 2위 가전제품 유통회사인 서킷시티$^{Circuit\ city}$가 2008년 11월 경기불황의 파고를 넘지 못하고 결국 파산절차에 들어갔다. 특파원 시절 필자도 동네 쇼핑몰에 있는 서킷시티에서 TV와 녹음기, 전화기 등 가전제품을 즐겨 구입했던 기억이 있다. 빨간 색의 회사 로고가 너무나 인상적이었다.

미국의 웬만한 대형 쇼핑몰에는 어김없이 매장을 보유하고 있을 정도로 서킷시티는 미국 유통산업의 대명사라고 할 수 있다. 빨간색의 회사로고를 자랑했던 서킷시티는 경기불황과 경영부실로 회계장부마저 온통 빨간색으로 변하고 말았다. 적자가 누적된 탓이다.

서킷시티는 2008년 11월 10일 자금난을 견디지 못해 버지니아 주 리치먼드의 파산법원에 파산보호를 신청했다. 1949년 설립된 서킷시티는 미국과 캐나다에 걸쳐 1,500개의 매장을 두고 있다. 글로벌 신용경색에 따른 충격에서 허우적거리다가 2008년 3분기에만 2억3,920만 달러의 순손실을 입었다. 순손실 규모는 2007년 같은 기간의 3배에 달했으며, 매출규모는 6분기 연속 감소세를 나타냈다.

살아남기 위해서 서킷시티는 구조조정을 단행해야 했다. 미국 내 매장의 20%를 폐점하기로 했고, 4만3,000명의 인력 중 20%를 정리해고하기로 했다. 제너럴모터스^{GM}, 포드, 크라이슬러 등 미국 자동차 산업의 '빅3'가 부도위기에 내몰리고 있는 상황에서 유통업종의 큰손마저 도산 직전에 처해 있는 것이다.

미국 최대 전자제품 유통업체인 베스트바이Best Buy도 글로벌 경제위기의 후폭풍을 벗어나지 못하고 있다. 베스트바이는 미국에서만 970

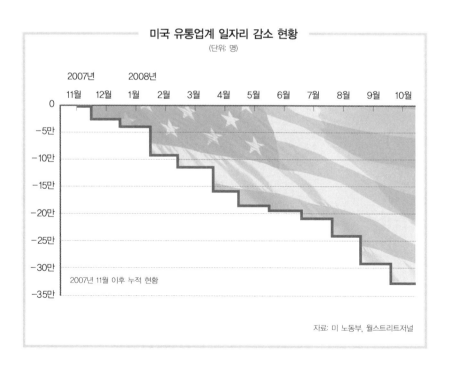

미국 유통업계 일자리 감소 현황
(단위: 명)

자료: 미 노동부, 월스트리트저널

개의 점포를 확보하고 있으며 시장점유율이 20%에 달한다. 베스트바이는 노란색 회사로고와 간판으로 유명한데 미국인들이 TV 등 전자제품을 구입할 때 가장 많이 이용하는 매장이다. 베스트바이도 글로벌 신용위기 충격으로 2008년 10월의 경우 평균 매출액이 7.6% 떨어졌으며 2009년 2월까지 매장당 평균 매출이 15% 감소할 것으로 전망된다.

브래드 앤더슨 최고경영자는 "소비심리 하락이 유통시장 상황을 최악으로 몰아가고 있다. 시장상황에 적응하기가 너무나 힘들다"고 토로할 정도였다.

유통업체의 경영악화는 서킷시티, 베스트바이에 국한되지 않는다. 백화점 체인인 머빈스가 이미 파산절차를 진행하고 있으며 미국 서부지역 유통체인인 롱스 드럭스도 유통체인 CVS와 합병절차를 마무리했다. 국제우편 및 화물배송 회사인 DHL은 미국 내 특급우편 사업에서 손을 떼고 9,500명을 추가로 감원하기로 결정했다.

미국 국민들의 빈 지갑

이처럼 유통업체들이 파산보호를 신청하거나 매출 급감에 시달리고 있는 것은 소비분야의 실물경제가 침체에 빠져 있기 때문이다.

2007년 4분기 미국의 소비지출은 1.0% 증가하는 데 그쳤고 2008

년 1분기에는 0.9%, 2분기에는 1.2%를 기록했으며, 3분기에는 −3.1%를 나타낼 정도로 소비심리가 꽁꽁 얼어붙고 있다.

내구재 지출의 경우 2007년 4분기에는 0.4% 증가에 그쳤고, 2008년 1분기에는 마이너스 4.3%, 2분기에는 2.8%, 그리고 3분기에는 −14.1%를 기록했다. 장기불황으로 국민들이 소비를 줄이면서 그 충격이 고스란히 유통업체로 이어지고 있는 것이다.

유통업은 미국 내 일자리의 20%를 차지할 정도로 고용창출 효과가 크다. 유통업의 위기는 달리 말해 고용의 위기를 의미한다. 서킷시티

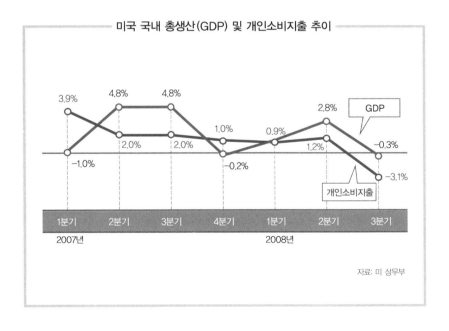

미국 국내 총생산(GDP) 및 개인소비지출 추이

자료: 미 상무부

를 포함해 2007년 11월부터 2008년 11월까지 1년 동안 파산보호를 신청한 유통체인은 14개에 달한다. 미국 경제신문 월스트리트저널^{WSJ}은 미국 유통업의 위기를 다음과 같이 설명한다.

"그 동안 유통업은 경기 침체기에 다른 산업에서 발생한 실업자를 흡수하는 역할을 했다. 하지만 이번에는 유통업이 먼저 고용을 줄이고 있다. 2008년 10월 현재 6.5%인 실업률이 8.0% 이상으로 높아질 것으로 보인다."

결국 유통체인의 도산과 경영실적 악화가 실업자를 양산하면서 고용까지 불안하게 만들 것이라는 설명이다.

카페라테의 거품, 스타벅스

세계 최대의 커피 체인점인 스타벅스^{Starbucks}도 사정은 매 한가지다. 미국 서북부의 워싱턴 주 시애틀에 있는 작은 어촌동네에서 출발한 스타벅스는, 미국경제의 호황에 힘입어 1990년대 눈부신 성장을 했지만 2007년부터 경제 거품이 꺼지면서 직격탄을 맞고 있다.

시애틀을 방문하면 몇 백 미터도 안 돼 산재해 있는 스타벅스 커피 체인점 숫자에 압도당하게 된다. 시애틀이 스타벅스가 탄생한 본산지임에는 틀림없지만 고가의 커피임에도 불구하고 스타벅스 체인점 숫자가 그렇게 많다는 것은 달리 말해 미국인들이 거품경제 기간 동안 그만큼 소비를 늘렸다는 것을 의미한다. 미국 국민들은 스타벅스에서 커피와 함께 고급 브랜드를 마시며 생활의 여유를 즐겼다.

하지만 경제 거품이 사라지고 '카페라테'의 거품도 함께 걷히기 시작하면서 스타벅스의 경영도 힘들어지고 있다. 스타벅스의 2008년 7~9월(4분기, 스타벅스는 9월 결산법인) 순이익은 540만 달러로 2007년 같은 기간에 비해 무려 96.5%나 크게 떨어졌다.

스타벅스는 2008년 600개 이상의 매장을 폐쇄하고 1만2,000명의 직원을 정리 해고하는 등 구조조정에 나서고 있지만 회사경영은 악화 일로에 있다. 전 세계적으로 글로벌 신용경색에 따른 소비위축이 확산됨에 따라 2009년에는 해외점포 설립계획을 기존 900개에서 700개로 축소하는 등 몸집 줄이기에 나서고 있다. 스타벅스 주가는 2008년 6월 18달러를 웃돌았지만 4개월이 지난 2008년 10월에는 10달러 아래로 뚝 떨어졌다.

비싼 커피의 대명사 스타벅스에도 시련의 시기가 찾아왔고, 이 고통은 상당 기간 지속될 것으로 보인다.

에디슨과 GE의 눈물

미국 전기 · 전자산업의 자존심인 제너럴일렉트릭^{GE}도 글로벌 금융위기와 미국경제의 복합불황으로 휘청거리고 있다. GE는 발명왕 토마스 에디슨이 1878년 설립한 '에디슨 전기회사'에서 시작했다. 미국 다우^{Dow} 공업지수가 1896년 처음 계산되었을 때 다우지수에 포함되었던 기업 중에서 오늘날까지 유일하게 살아있는 기업이다.

GE는 회사설립 당시부터 '전기가 없으면 전구도 없다'라는 인식에서 출발해 전기 및 전구분야로 사업을 다각화시켰고, 오늘날 사업다각화에 성공한 다국적 기업의 가장 대표적인 모델로 평가받고 있다. 특히 '경영의 귀재' 잭 웰치가 회장 겸 최고경영자로 취임한 후(1981년) 조직내부의 오래된 관료주의를 몰아내고 사업 재구축과 경영혁신을 과감히 추진해 초일류 기업으로 성장했다.

하지만 천하의 GE도 글로벌 금융위기의 소용돌이에 말려들고 있다. GE의 금융계열사인 GE캐피털은 2008년 11월 미국 정부로부터 1,390억 달러의 신규채권에 대해 지급보증을 받았다.

GE는 최고 신용등급인 AAA를 유지하고 있지만 한때 효자 계열사였던 GE캐피털 부실이 확산되면서 GE그룹 전체가 휘청거리는 상황까지 몰리고 있다. 2008년 3분기의 경우 GE의 순이익은 전년도 같은 기간보다 22% 감소했으며, 특히 금융서비스 부문 순이익은 38%나 급감했다. 이에 대해 블룸버그뉴스는 "1930년대 대공황 이후 GE가 금융위기에 가장 노출되어 있다"고 평가하기도 했다.

미국 자본주의 경제의 선봉장 역할을 했던 GE를 비롯해 GM, 서킷시티, 베스트바이 등 제조업체와 유통기업들도 금융회사들과 마찬가지로 생사의 갈림길에 놓여 있다. 미국경제가 성장 동력을 회복하지 못하고 장기침체의 늪에 빠질 경우 미국경제의 파수꾼 기업들도 무너지게 될 것이다. 마치 정해진 시간이 되면 폭발하는 시한폭탄처럼 미국 제조기업과 유통회사들은 살얼음판을 걷고 있다.

이 같은 실물경제 침체는 기업들의 근로자 해고로 이어진다. 2008년의 경우 미국 기업들은 1월부터 9월까지 해고를 되풀이했다. 금융부문의 11만1,200명을 비롯해 자동차(9만4,900명), 정부·공공부문(6만6,800명), 운송(6만2,000명), 소매(5만1,300명), 컴퓨터(4만4,000명), 산업재(3만5,700명), 건강·의료(3만3,300명), 소비재 산업(3만2,900명), 통신(2만8,400명) 등의 분야에서 많은 사람들이 직장을 잃었다.

모든 산업에 걸쳐 전 방위로 대대적인 감원작업이 나타나고 있으며 시간이 지날수록 감원의 속도와 폭은 더욱 빠르고 광범위하게 진행될 것이다. 결국 미국의 금융위기가 소비위축 → 기업생산 및 투자 감소 → 실업자 양산 → 실물경제 부실화 등으로 이어지며 악순환 고리가 만들어지고 있는 것이다.

07. 벼랑에 몰린 미국의 꼼수

세계의 다른 중앙은행이나 국부펀드들이 달러자산을 다른 통화로 다변화하거나 달러보유를 줄이고 있는 현상이 뚜렷이 나타나면서 미국도 대응방안을 마련하고 있다.

또 유럽과 아시아, 남미, 중동 국가들이 경제블록을 형성하거나 단일 통화 체제를 모색하고 있는 것에 대해 미국도 달러 체제를 더욱 공고히 하기 위해 발 빠르게 움직이고 있다. 달러본위 체제의 붕괴는 미국경제의 파멸로 이어진다는 불안감과 위기의식 속에 대응논리를 마련하고 있는 것이다.

한국과 맺은 통화스왑

미국은 다른 국가들과의 '통화스왑'을 통해 달러패권을 가능한 한 오랫동안 유지한다는 전략이다.

통화스왑[Currency Swap]은 말 그대로 2개 이상 국가의 통화를 서로 교환하는 것이다. 예를 들어 2008년에 큰 화제가 되었던 한국 원화와 미국 달러화의 통화스왑을 보자. 한국은 원화를 들고 태평양을 건너가 미국 중앙은행인 연방준비제도이사회[FRB]에 맡긴다. 대신 한국은 달러를 FRB로부터 빌린다. 한국과 미국의 서로 다른 통화가 맞바꾸어진 셈이다.

미국은 통화스왑 거래로 달러를 한국에 빌려주는 대신 금리 수익을 기대할 수 있고, 한국은 미국 달러를 국내에 들여와 일시적으로 달러 부족에 시달리는 금융기관들에게 달러를 공급할 수 있게 된다. 쉽게 설명하면 한국은 원화를 미국에 담보로 잡히고 달러를 빌려오는 것이 된다. 미국은 달러를 빌려주는 대신 한국으로부터 이자를 받는다.

한국은 2008년 10월 미국과 300억 달러의 통화스왑 거래를 맺었다. 300억 달러는 지난 1997년 외환위기 상황에서 국제통화기금[IMF]이 한국에 직접 지원했던 금액(210억 달러)보다 큰 것이다. 한국은 달러가 필요할 때에는 언제든지 원화를 맡기고 최대 300억 달러를 빌릴 수 있게 되었다.

한국이 군사적으로 미국의 핵우산 체제에서 보호를 받고 있는 것처럼 경제적으로 발권력을 가진 미국의 달러우산 체제에 확고히 편입되었다고 볼 수 있다. 반면 미국은 한국과의 통화스왑 거래를 통해 달러 공급을 확대할 수 있고, 달러 위상도 높일 수 있게 되었다.

달러우산 형성한 통화스왑

미국은 다른 국가들과의 통화스왑을 통해 달러본위 체제를 유지하거나 확장하려고 한다. 2007년 9월 미국은 유럽중앙은행ECB, 영국, 스위스와 통화스왑 계약을 맺었다. 2008년 하반기에는 일본과도 통화스왑 거래를 체결했다. 2008년 9월 세계 굴지의 투자은행인 리먼브러더스 파산보호 사태 이후 글로벌 금융위기가 본격화되는 시점에서는 호주, 캐나다, 스웨덴, 덴마크, 노르웨이 등으로 통화스왑을 확대했다.

그리고 2008년 10월에는 한국을 비롯해 브라질, 멕시코, 뉴질랜드, 싱가포르와도 통화스왑을 체결했다. 이에 따라 미국과 통화스왑 거래를 맺어 '달러우산체제'의 일원이 된 국가는 모두 14개국으로 늘어났다.

개별 국가의 입장에서는 달러부족 사태가 발생하면 언제든지 미국 FRB에 손을 벌려 달러를 빌릴 수 있는 시스템을 구축해 놓았다. 하지만 미국 입장에서는 FRB가 달러발행 기관으로서 전 세계에 달러를 공급하는 파워를 가지고 있는 만큼 달러패권을 더욱 공고히 할 수 있는

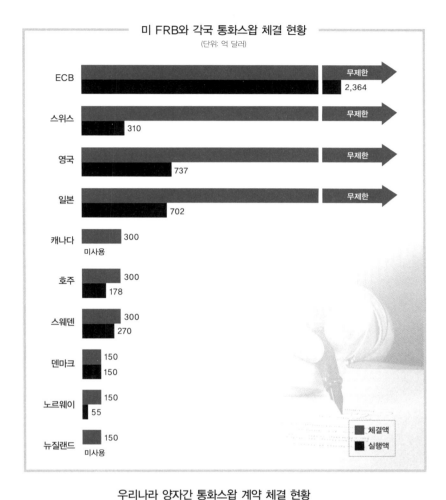

미 FRB와 각국 통화스왑 체결 현황

(단위: 억 달러)

국가	체결액	실행액
ECB	무제한	2,364
스위스	무제한	310
영국	무제한	737
일본	무제한	702
캐나다	300	미사용
호주	300	178
스웨덴	300	270
덴마크	150	150
노르웨이	150	55
뉴질랜드	150	미사용

■ 체결액
■ 실행액

우리나라 양자간 통화스왑 계약 체결 현황

(단위: 억 달러)

총계: 535억 달러

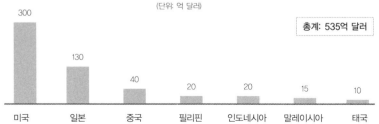

미국	일본	중국	필리핀	인도네시아	말레이시아	태국
300	130	40	20	20	15	10

기반을 마련하게 되었다. '팍스 달러리움' 체제는 여전히 튼튼하고 효용성을 인정받고 있다는 메시지를 전 세계에 전달한 것이다.

달러위상이 크게 흔들리고, 달러본위 체제를 개혁해야 한다는 목소리가 불거지고 있는 상황에서 미국은 다른 국가들과의 통화스왑을 통해 달러본위 체제를 강화하려고 한다. 미국과 통화스왑 거래를 맺은 유럽연합, 영국, 일본 등 선진국은 물론 한국을 비롯한 브라질, 멕시코, 싱가포르 등 신흥국가들도 통화스왑 협정을 체결함에 따라 이 국가들은 달러 영향권에서 자유로울 수 없다. 달러패권 체제의 구성원이 된 것이다.

2조 달러에 달하는 외환 보유고를 자랑하며 미국 달러패권에 강하게 반발하고 있는 중국은 미국과 통화스왑을 아직 체결하지 않고 있다. 달러우산에 편입되지 않겠다는 의미를 담고 있다.

미국은 통화스왑 거래를 매개로 14개국을 '조직의 일원'으로 만들어 놓음으로써 금리·통화정책을 비롯한 일련의 시장 대응조치에서 미국을 따라오게 하는 효과를 겨냥할 수 있다. 미국과 14개국은 '오월동주 吳越同舟' 하게 된 셈이다.

후진국과도 통화스왑 체결

2008년 글로벌 금융위기 사태 때 미국을 포함한 7개 중앙은행이 동시에 금리인하를 단행하며 정책 공조를 취한 것은 달러 공동운명체의 파워가 여전히 건재하다는 것을 보여준다.

미국이 2007년부터 선진국은 물론 신흥시장의 대표 주자들과 달러 통화스왑 계약을 체결하는 것에 주목할 필요가 있다. 이전까지만 하더라도 개별 국가들이 통화스왑을 요구하면 미국은 이를 거절했는데, 2007년부터 미국은 다른 국가들의 통화스왑 요구를 받아주고 있다. 2007년 촉발된 서브프라임 모기지 부실과 2008년부터 본격화되고 있는 미국 발發 신용경색으로 달러패권에 대한 위기감이 확산되면서 미국이 통화스왑 체결에 적극적으로 나서고 있다.

언뜻 보기에 통화스왑은 미국이 다른 국가들에게 은혜를 베푸는 것으로 비쳐질지 모르지만, 이는 자국의 이익을 위해서 실시하는 조치이다.

미국은 유럽중앙은행, 영국, 일본, 스위스 등 부도위험이 거의 없는 국가에 대해서는 무제한으로 달러를 공급하기로 했으며, 나머지 국가에 대해서는 150~300억 달러 등 한도를 설정해 달러를 제공하고 있다. 이들 국가에 공급하는 달러는 미국 국채TB를 매입하거나 금융회사에 대한 직접투자 등의 형태로 미국에 다시 돌아오게 된다. 비록 미국이 달러를 공급하지만 결국에는 미국으로 돌아올 것으로 예상하기 때문에 미국은 선뜻 곳간을 풀어 달러를 제공하는 것이다.

하지만 이 같은 미국의 '장밋빛' 기대감은 말 그대로 희망사항에 그칠 공산이 크다. 유럽과 일본, 중국 등 미국경제에 대항할 수 있는 글로벌 경제주체들이 급부상하면서 달러의 위상은 갈수록 떨어지고 있다. 또 쌍둥이적자와 예산적자에 시달리는 미국이 달러통화를 남발할 경우 세계 중앙은행들은 달러가치 하락을 염려해 달러에 의지하는 관습과 습성을 버리게 될 것이다.

통화스왑 계약을 맺었지만 달러가치에 이상신호가 감지될 경우에는 달러를 빌리지 않을 수도 있다. 미국은 통화스왑 계약을 통해 달러통화권을 구축하고 이를 기반으로 글로벌 경제블록 및 단일통화 시도에 대항한다는 전략이지만 시대의 흐름을 돌리기에는 역부족이다. 미국이 달러 기축통화 유지에 안간힘을 쓰고 있지만 달러는 점점 수렁으로 빠져들고 있는 것이 현실이다.

08. 기승부리는 보호무역주의

경제 제국의 패권이 약해지거나 세력이 미약해지면 보호무역주의가 기승을 부린다. 글로벌 경제 전체를 좌지우지할 정도로 막강한 파워를 보유하고 있을 때에는 '자유무역'을 기치로 다른 국가와의 무역에 적극적으로 나서지만 반대로 패권이 약화되면 자국 산업을 보호하기 위해 다른 국가들의 경제정책에 간여하게 된다.

1,000년 이상의 유구한 역사를 자랑하는 로마제국은 제정(帝政)시대 기틀을 다진 1세기에 막강한 군사력과 경제력을 앞세워 주변의 국가들을 침략해 속국이나 주변국으로 만들었다. 관세를 줄이고 국가 간 자유로운 무역활동을 보장하면서 경제력을 더욱 키워나갔다.

하지만 제국의 말기시대에 접어들면 정부의 과다한 예산지출과 국민들의 과잉소비, 도덕적 타락, 주변 민족들의 침입 등과 같은 내·외부적인 요인이 복합적으로 작용하면서 쇠퇴의 길로 접어든다. 로마제국은 자국 산업을 보호하고 자국 상인들의 권리신장을 위해 기존의 자유무역 기조를 내팽개치고 관세를 부가하거나 다른 국가들에 무역제한 조치를 취하는 등 보호무역 기조로 돌아선다.

국가의 경제력이 떨어지고 국력이 쇠약해질 때에는 국가 간 무역에서도 보호무역이 판을 치게 된다. 결국 서로마제국은 서기 476년 이방인인 게르만 민족에 의해 멸망하게 된다.

중국에 대한 선전포고

'자유무역의 수호자'임을 자처했던 미국이 보호무역 기조를 강화하고 있는 것은 그만큼 경제력이 쇠퇴기에 들어갔음을 간접적으로 증명하는 것이다. 미국은 제2의 경제대국으로 부상하고 있는 중국을 견제하기 위해 '환율' '무역정책' 등과 같은 두 가지 이슈를 부각시키며 보호무역 색채를 짙게 풍기고 있다. 더욱 엄밀히 말하자면 보호무역을 실행에 옮기고 있다.

미국은 경제패권에 위기가 올 때마다 중국을 걸고넘어진다. 미국은 중국과 매년 '전략경제대화'를 열고 있는데 약방의 감초처럼 '위안화 가치 절상'을 요구한다. 2008년 12월 열린 전략경제대화에서 미국은 이 같은 입장을 중국 측에 재차 확인시켜 주었다.

데이비드 매코믹 재무부 차관은 "미국은 이번 전략경제대화에서 중국을 상대로 위안화를 평가 절상하고 무역장벽을 설치하지 말도록 압력을 행사할 것이며, 미국은 앞으로도 중국 측에 위안화 평가 절상을 지속적으로 요구해야 한다"며 목청을 높였다. 헨리 폴슨 미 재무장관도 기회 있을 때마다 다음과 같이 중국을 다그치고 압박한다.

"미 의회에서 일고 있는 중국에 대한 보호무역 기조를 잠재우기 위해서는 중국 정부가 서둘러 가시적인 위안화 평가 절상 조치를 내놓아야 한다. 미국 내부, 특히 의회에서 중국에 대한 보호무역 움직임이 강하게 일어나고 있다. 중국 정부가 더 구체적인 환율개혁 방안을 내놓아야 재무장관으로서 의회와 대화하기가 한결 쉬워진다. 그렇지 않을 경우 양국 간 통상과 무역관계에 긴장과 갈등이 예상된다. 중국 경제 개혁의 가늠자는 바로 환율개혁의 속도와 의지에 달려 있다. 정부가 환율을 관리하는 것은 결코 바람직하지 않다. 위안화 가치결정에 있어 중국은 정부관리보다 시장원리에 맡겨두는 것이 바람직하다."

중국 공격하는 미 의회

미국 의회의 중국에 대한 압박강도는 더욱 심하다. 미국 상원 금융위원회는 2007년 7월 보복법안을 통과시켰다. 상당한 규모의 경상수지 및 대미 무역흑자를 기록하는 나라에 대해서는 미국 정부가 '환율조작국'으로 지정해 재무부가 조사를 할 수 있도록 했다.

여차하면 중국을 환율조작국으로 지목해 무역보복 조치를 단행하겠다는 강력한 경고를 보낸 것이다.

미국 의회는 중국산 제품에 상계관세를 부과하는 법안도 추진하고 있다. 중국이 위안화 가치를 올리지 않는다면 미국에 수입되는 중국 제품에 대해 높은 세율의 관세를 매겨 중국 제품의 수입을 아예 차단하겠다는 전략이다.

미국은 중국과의 전략경제대화가 열릴 때마다, 글로벌 국가 간 국제회의가 개최될 때마다 중국에 위안화 평가 절상을 거세게 요구하고 있지만 중국은 크게 개의치 않고 있다.

미국이 중국의 위안화 평가 절상을 요구하는 이유는 간단하다. 미국은 중국과의 무역에서 막대한 적자를 내고 있다. 매년 적자규모는 늘어만 간다. 미국은 중국이 인위적으로 위안화 가치를 낮게 조절하고 있기 때문에 중국의 수출가격 경쟁력은 높아지는 반면 미국의 수출가격 경쟁력은 떨어진다고 주장한다.

이에 대해 중국은 치밀한 반박논리를 내세운다. 미국의 대규모 무역적자 및 경제패권 약화는 위안화 환율 때문이 아니라 미국 내부의 구조적인 문제 때문이라는 점을 강조한다.

미국의 경제위기가 심화되고 있는 것은 미국 정부와 국민이 저축은 하지 않고 마구 돈을 찍어내며 과잉소비에 빠져 있기 때문이라는 것이다. 중국은 미국이 먼저 예산적자를 줄여야 한다며 '미국 책임론' 으로 맞서고 있다.

중국은 위안화 가치가 실제 오르고 있다는 점도 역설한다. 미국 달러의 화폐공급이 급증하면서 달러가치가 위안화 등과 같은 국제통화에 비해 떨어지고 있는데 중국에 큰 폭의 위안화 평가절상을 요구하는 것은 어불성설이라는 것이다.

실제 위안화 가치는 꾸준히 오르고 있다. 지난 2005년 7월 21일 중국이 고정환율 제도에서 변동환율 제도로 통화정책을 변경한 이후 달러당 8.2765위안이었던 위안화는 계속 계단식 상승을 이어가고 있다. 2008년 9월에는 달러당 6.8009위안까지 17.8%나 절상됐다. 그만큼 위안화 가치가 올라갔고 미국 달러가치가 떨어지면서 미국의 대 중국 수출경쟁력이 개선된 것이다. 하지만 미국의 대중국 무역적자는 매년 증가일로에 있어 미국의 주장이 설득력을 잃고 있다.

오바마 정권의 보호무역주의

미국 내부에서도 미국이 경제 활력을 회복하기 위해서는 중국과의 '환율전쟁' 에 몰두하기보다는 재정적자 등과 같은 내부문제를 먼저 해결해야 한다는 자성의 목소리가 힘을 얻고 있다. 미국 내부의 문제점을 찾아내고 반성해야지, 이를 주변국의 책임으로 몰아세우는 것은 사태 해결에 전혀 도움이 되지 않는다는 것이다.

2009년 1월부터 공화당의 조지 W. 부시 대통령이 물러나고 민주당의 버락 오바마 대통령이 국정을 운영하면서 미국은 중국뿐 아니라 유럽연합[EU], 아시아 등에 대한 보호무역 기조를 더욱 강화할 것으로 보인다.

부시 대통령의 국정운영 실패에 대한 국민들의 실망과 좌절감으로 미국은 행정부와 의회가 모두 민주당이 장악하고 있다. 민주당은 전통적으로 공화당보다 저소득 근로자, 노동자, 농민 등 소외계층의 목소리를 대변하기 때문에 다른 주변국에 대한 시장개방은 거세게 요구하고, 자국 산업에 대한 보호조치는 더욱 강화할 것으로 전망된다.

2007년 촉발된 서브프라임 모기지 부실과 2008년의 미국 금융위기로 미국경제가 수렁으로 빠져들고 있는 상황에서 민주당은 보호주의 기치를 내세우며 탈출구를 마련하게 될 것이다.

오바마 대통령은 후보시절 북미자유무역협정[NAFTA]과 한미 자유무역협정[FTA]이 미국 산업에 오히려 해를 끼칠 수 있다며 재협상 필요성을 언급했으며, 미국 기업들이 해외 기업에 인수되는 것에 대해서도 부정적인 입장을 보였다. 미국경제가 장기침체 국면으로 접어들고, 대기업들의 파산이 잇따르는 가운데 중국, 일본을 비롯한 아시아 및 유럽 자금이 미국 기업을 헐값에 사들이는 것에 대해 불쾌하다는 반응을 보이고 있는 것이다.

중국 등 신흥국가들은 미국의 보호무역 기조에 대해 강력하게 경고하며 연합전선을 형성하고 있다. 미국이 보호무역 '무기'를 내세울 때 가장 큰 피해를 입을 것으로 예상되는 중국은 아시아 지역뿐 아니라 브라질, 멕시코, 남아프리카공화국 등으로 공동 방어 전선을 확대하고 있다.

수린 핏수완 동남아국가연합^{ASEAN} 사무총장은 오바마 대통령이 당선된 직후 "아시아 국가들은 미국의 보호무역주의를 우려하고 있다. 이 같은 도전은 개별 국가의 문제가 아니라 글로벌 경제 전체의 문제이다"라며 미국의 보호주의를 경계했다.

아시아 국가들의 반발

아시아태평양경제협력체^{APEC} 회원국 지도자들도 2008년 12월 페루 리마에서 열린 정상회의에서 미국을 위시한 세계 각국이 보호무역주의로 회귀하는 것에 대해 우려를 나타냈다.

신흥국가들의 이 같은 우려는 점점 현실로 나타나고 있다. 미국은 쓰러져가는 자동차 산업을 살리기 위해 파산 위기에 처한 제너럴모터스^{GM}와 포드, 크라이슬러 등 이른바 '빅3'에 대한 구제 금융에 나섰다.

미국 국민들의 60% 이상이 빅3에 대한 구제 금융을 지원해서는 안 된다는 반대 여론에도 불구하고 미국 정부는 2008년 12월 자동차 기업에 대한 자금지원을 승인했다. 국민들은 경영부실에 따른 책임을 물어 세금을 지원해서는 안 된다는 입장이었지만, 미국 정부와 의회는 경영부실 문제는 차치하고 일단 목숨만은 살려주어야 한다는 데 의견의 일치를 보았다.

미 행정부와 의회는 다른 국가들의 따가운 눈총을 의식해 구제 금융을 직접 지원하는 형식이 아니라 에너지 기금 250억 달러 중 최대 170억 달러를 지원한다는 우회적인 방식을 택했다. 자국 산업 살리기를 위한 보호주의가 결코 아니라고 강조한 것이다.

낸시 펠로시 하원의장을 비롯한 민주당 의원과 버락 오바마 대통령은 경영부실에 빠진 미국 자동차 산업에 대해 우호적인 입장을 보이고 있어 추가적인 자금지원도 가능할 것으로 보인다. 보호주의무역 색채가 더욱 짙어질 것이라는 얘기다.

앞으로 자동차 산업을 필두로 미국과 유럽, 아시아 국가들의 자국 산업 보호를 위한 보호주의무역은 본격화될 것이다. 미국이 자국에 유리한 조치를 취하는데 다른 국가들이 팔짱을 끼고 방관하지는 않을 것이다. 미국 경제불황이 글로벌 무역의 갈등과 마찰을 심화시키는 촉매제로 작용하게 될 것이기 때문이다.

장 클로드 융커 룩셈부르크 총리는 "미국이 자동차 메이커에 대한 지원에 나설 경우 유럽연합EU은 유럽 기업들을 그냥 방치한 채 보고만 있을 수는 없다"고 경고했다. 니콜라 사르코지 프랑스 대통령도 "우리는 침체국면의 경제에 활력을 불어넣기 위해 적극적인 대책을 강구할 것이다. 유럽의 자동차 산업도 정부의 지원 없이는 회생의 길을 찾기가 힘들다"며 미국 정부의 조치에 맞불을 놓았다.

미국이 자동차기업을 살리기 위해 자금지원에 나선 만큼 독일, 영국, 프랑스, 이탈리아 등 다른 유럽 국가는 물론 중국, 일본, 한국 등 아시아 국가들도 자동차 산업 경쟁력 차원에서 연쇄적으로 자동차기업 지원에 나설 것으로 예상된다.

경제패권은 약화되고 있지만 미국이 여전히 경제 주도권을 장악하고 있는 상황에서 보호무역 깃발을 내세우게 되면 다른 국가들도 보호무역으로 방향을 선회할 수밖에 없는 것이다.

이 같은 암울한 전망은 이미 현실로 나타나고 있으며, 경기침체가 장기화될수록 더욱 속도를 낼 것이다. 러시아는 자동차에 대한 수입관세를 대폭 인상하는 카드를 만지고 있다. 드미트리 판킨 재무차관은 2008년 11월 '러시아의 자동차 산업을 보호하기 위해 수입차에 대한 관세를 올릴 계획'이라고 공개적으로 발표했다.

또 유럽연합[EU]은 2008년 크리스마스 시즌을 앞두고 중국산 장난감에 대한 검사를 강화한다는 내용의 성명서를 발표해 중국 정부와 갈등을 빚기도 했다. 미국 정부도 2008년 말 중국 수입제품의 안전성 검사를 대폭 강화했다. 어린이 사용제품에 대해 중국의 생산 업자가 원재료의 안전성까지 입증하지 않으면 통관을 보류시키기로 해 중국 측과 마찰을 일으켰다.

전 세계가 골디락스 경제를 구현하고 있을 때에는 자유무역이라는 이름 아래 별다른 마찰 없이 글로벌 경제가 굴러간다. 하지만 경기침체가 장기화되고 도산하는 기업이 속출하면 자유무역 깃발은 내려지고 대신 보호무역 깃발이 자리를 대신한다.

　미국경제의 장기불황은 글로벌 경제의 침체를 야기할 뿐만 아니라 국제 통상정책을 보호무역주의로 회귀시키는 역할까지 하게 된다. 앞으로 미국과 다른 국가들 간의 무역충돌, 신흥국가와 선진국 간 무역마찰, 선진국 간 또는 신흥국가 간 통상마찰은 피할 수 없는 현실이 될 것이다.

I·N·T·E·R·V·I·E·W

글로벌 경제전문가와의 대화

Mark Faber
마크 파버 투자전략가

Robert Shiller
로버트 실러 예일대 교수

Nouriel Roubini
누리엘 루비니 뉴욕대 교수

Jim Rogers
짐 로저스 로저홀딩스 CEO

Robert Mundell
로버트 먼델 컬럼비아대 교수

Interview

Mark Faber

Profile

아시아 지역을 비롯한 신흥시장 투자에 관한 한 세계 최고의 전문가. 1946
년에 스위스 취리히에서 태어나 취리히대학에서 경제학 박사학위를 받았고,
월스트리트의 정크본드 전문 금융회사였던 드렉셀 번햄 램버트의 홍콩 현
지법인에서 트레이더와 전무이사를 지냈다. 1973년부터 홍콩을 주 무대로
활동해왔다. 1990년에 자신의 회사인 마크 파버 리미티드를 설립했고, 고
객들에게 월간 투자정보지인 『글룸, 붐 앤드 둠(Gloom, Boom and
Doom)』을 발행하고 있다.

마크 파버는 지난 1997년 아시아 외환위기와 2008년 미국 발發 서브프라임 모기지 부실사태를 정확하게 예견해 '닥터 둠Dr. Doom'이라는 닉네임을 가지고 있다. 1987년 10월 증시 대폭락이 일어나기 일주일 전 고객들에게 주식 매도를 조언해 시장에서 인정받기 시작했다. 2000년 이후 그의 투자자문은 정확도가 높아 유가, 귀금속, 원자재 가격 급등을 예상했고, 특히 중국 등 신흥시장 호황을 미리 예측하기도 했다. 그는 투자기회를 발굴해 부각시키는 『The Gloom Boom&Doom Report』를 발간하고 있으며, 여기서 발행되는 리포터와 뉴스레터는 전 세계적으로 많은 독자를 보유하고 있다. 2008년 서브프라임 모기지 사태와 글로벌 신용경색 이후 파버 박사가 제시하는 글로벌 경제 전망 및 투자요령은 다음과 같이 축약할 수 있다.

① 주식비중은 줄이는 대신 금, 원유 등 원자재에 투자하라.

② 미국 국채와 달러자산은 가능한 한 빨리 처분하라.

③ 달러가치 하락은 돌이킬 수 없는 대세가 될 것이다.

④ 글로벌 경제의 중심이 아시아로 이동하고 있다.

마크 파버 박사가 2008년 12월 2일 한국을 방문했다. 모건스탠리의 스티븐로치, 뉴욕대의 누리엘 루비니 교수 등과 함께 대표적인 비관론자로 꼽히는 파버 박사를 만나 글로벌 경제에 대한 분석과 향후 투자전략에 대해 들어봤다. 급변하는 국제 경제를 제대로 이해하고 향후 투자전략을 수립하는 데 큰 도움이 될 것으로 생각해 그와의 인터뷰 내용을 소개한다.

주식 줄이고 원자재에 투자하라

질문 글로벌 금융시장 변동성이 확대되면서 국제 투자자금이 마땅한 투자처를 찾지 못하고 있다. 당신은 어디에 투자할 생각인가?

마크 파버 주식을 보유하고 있다면 비중을 줄여야 한다. 단기 급락에 따른 일시적인 반등은 있을 수 있겠지만 경기침체는 상당히 지속될 것이다. 미국 국채도 매력이 없다. 30년 만기 미국 국채^{TB}는 현재 3.4%의 수익률을 보장하고 있지만 향후 물가상승이 현실화되는 점을 감안하면 미국 국채에 대한 투자가치는 거의 제로에 근접하게 된다. 미국 국채 투자는 최악의 선택이 될 것이다. 앞으로 금과 원자재 가격이 올라갈 것이며 특히 금 채광 관련 산업이 유망할 것으로 본다. 향후 6개월 이내에 2배 이상의 수익률도 가능할 것이다.

질문 원유에 대한 투자비중 확대를 권하는 이유는 무엇인가?

마크 파버 앞으로 아시아 국가들이 원유수요를 크게 늘릴 것이다. 공급은 제한되어 있는데 수요가 늘어나면 당연히 가격은 올라간다. 중국과 인도가 여전히 높은 경제성장률을 나타내고 있어 유가 상승압력도 덩달아 높아지고 있다. 미국의 경우 1970년대에는 전체 원유소비량의 20% 가량만 해외에서 수입하고 나머지는 자체 생산했지만 이제는 수입의

존도가 73%에 달한다. 중국도 이미 원유수입국으로 변했으며, 산업 활동을 유지하기 위해서는 원유수입을 지속적으로 늘려야 한다. 전 세계적으로 지정학적 위기도 고조될 것이다. 국가와 국가 간 물리적인 전쟁은 아니더라도 2008년 발생한 인도 뭄바이 테러처럼 민족 간, 종교 간, 이데올로기 간 분쟁은 더욱 기승을 부릴 것으로 본다. 미국의 남북전쟁과 프랑스 나폴레옹 전쟁처럼 전쟁이나 국제분쟁이 발생하면 원유 가격이 상승한다는 점에 주목할 필요가 있다.

질문 원·달러 환율이 가파르게 오르고 있다. 향후 달러가치가 어떻게 변할 것으로 보나?

마크 파버 미 연방준비제도이사회[FRB]는 경기침체에서 벗어나기 위해 통화정책을 느슨하게 운용할 것이다. 기준금리를 끌어올리기가 점점 힘들어지고 있다는 얘기다. 비록 글로벌 금융위기로 유동성이 부족할 경우에는 일시적으로 달러가치가 반등할 수 있겠지만 장기적으로 달러가치는 하락할 것으로 본다. 현재 원·달러 환율이 상승하고 있는 것도 일시적인 국제유동성 부족에 따른 것이다. 시간이 지나면서 유동성 부족문제가 해결되면 달러에 대한 원화가치도 상승 반전할 것으로 본다. 달러보다는 원화를 매입해야 할 시점이라고 본다.

질문 **향후 글로벌 경제를 비관적으로 전망하고 있는데 한국 경제도 침체가 지속될 것으로 보나?**

마크 파버 물론이다. 한국은 미국 및 중국에 대한 경제의존도가 높다. 미국의 내수소비가 급감하면서 한국 제품을 수입해 줄 여지가 줄어들고 있고, 중국도 성장률이 크게 떨어진 상태다. 세계 경제가 둔화되면 한국은 선진국 경제보다 더 큰 타격을 입을 것으로 본다. 전 세계 중앙은행이 명목화폐 발행을 통한 유동성 공급에 열을 올리고 있는 반면 한국은행은 유동성 공급에 소극적인 모습을 보이고 있다. 현재와 같은 금융위기 상황에서는 한국은행의 입장이 바람직하다고 본다. 과다한 유동성 공급은 자산 인플레이션을 재차 초래할 위험이 있기 때문이다.

질문 **신용경색이 실물경제로 전이되면서 한국에서도 부실기업들이 속출하고 있다. 어떻게 처리해야 하나?**

마크 파버 한국 금융당국은 부실 및 한계기업을 살려주어서는 안 된다. 시장의 자율적인 구조조정에 따라 경쟁력이 없는 기업은 시장에서 자연스레 퇴출되어야 한다. 섣불리 구제 금융 자금을 투입했다가는 향후 경제에 더 큰 악영향을 미칠 수 있다.

또 부실기업에 대한 정부의 구제 금융 지원이 쉽게 이루어지면 기업인들의 도덕적 해이가 더욱 기승을 부리게 된다.

글로벌 경제침체는 미국이 원인

질문 글로벌 경제가 동반침체에 시달리고 있는 이유는 무엇인가?

마크 파버 전 세계적으로 경기확장이 일어났고 그 원인은 미국이 제공했다. 미국 연방준비제도이사회FRB는 6.0% 이상이었던 기준금리를 1.0%까지 끌어내렸으며, 경기확장 현상이 나타나고 있는데도 저금리 정책을 고수했다. 통화긴축은 전혀 없었다는 얘기다. FRB는 서브프라임 부실과 파생금융상품의 파괴력을 전혀 깨닫지 못했고, 금융시장 변동성은 높아만 갔다. 2006년에는 상품가격이 피크를 이루었고, 2008년 글로벌 경기침체로 원자재 수요가 급감하면서 원자재 가격이 폭락했다. FRB의 무리한 금리인하 조치와 통화팽창이 2008년의 재앙을 초래했다.

질문 미국뿐 아니라 한국도 주택시장이 꽁꽁 얼어붙고 있다. 주택시장 침체가 지속될 것으로 보나?

마크 파버 경제 버블은 특정 시점에서 반드시 발생한다. 미국은 19세기에 철도, 건설, 운하 등의 산업분야에서 거품이 발생했고, 2000년에는 정보통신, 인터넷 등 나스닥 버블이 나타났다. 2007년은 자산거품이 마무리되는 단계로 봐야 한다. 2006년의 경우 16%씩 신용이 확장되었지만 2008년에는 3%로 둔화됐다.

앞으로 5년 이상 부동산 가격은 불안할 것이다. 통화팽창으로 미국의 인플레이션은 5%를 나타내고 있는 반면 명목 주택 가격은 5%씩 떨어지고 있어 실질가격은 더욱 하락하는 셈이다. 21세기 들어 미국경제는 생산 활동은 소홀히 하면서 소비활동에 초점을 맞추었다. 소비증가는 무역수지 및 경상수지 적자로 연결됐다. 하지만 자산거품이 붕괴되었고 충격은 지속될 것으로 예상되는 만큼 앞으로 미국경제는 소비부족에 허덕일 것이다.

질문 향후 글로벌 주식시장은 어떻게 전망하나?

마크 파버 미국 기업의 수익에는 여전히 버블이 남아 있다. 1990년대 은행, 증권, 보험 등 금융회사들의 수익이 크게 늘어났기 때문에 전체적으로 미국 기업들의 수익이 빠르게 증가했다. 파생금융상품의 버블붕괴와 신용경색으로 앞으로 미국 기업들의 수익은 줄어들 것이다. 물가상승 속도, 즉 인플레이션을 감안하면 미국 주식가격은 싼 편이 아니다. 미 FRB가 경기부양을 위해 달러를 찍어내고 확장적인 통화정책을 전개하면 주식가격은 오를 수도 있다. 하지만 인플레이션을 고려하면 주가는 결코 오르는 것이 아니다. 현재 급격한 물가상승에 시달리고 있는 아프리카의 짐바브웨에서 일어나고 있는 현상을 참고하기 바란다. FRB가 인위적으로 경기부양에 나선다고 해서 주가가 오르는 것은 결코 아니다. 앞으로 다우존스지수보다 금의 가치가 더욱 빠르게 상승할 것이다. 물가상승으로 실질금리가 마이너스를 나타내면 희소성이 높은 금속이 투자 상품으로 제격이다.

미국 국채는 투자매력 상실

질문 **미국 국채**[TB]**에 대한 투자도 매력이 없다는 얘기인가?**

마크 파버 그렇다. 30년 만기 미국 국채의 수익률은 3.3%이다. 앞으로 30년 동안 인플레이션 상승률을 감안하면 물가는 지속적으로 오를 것이다. 미국 국채 수익률이 물가상승률을 따라가지 못하기 때문에 미국 국채에 대한 투자가치는 제로 수준으로 떨어지게 된다. 지금은 글로벌 경제에 일시적으로 안전자산인 미국 국채에 대한 수요가 급증하고 있지만 시간이 지날수록 미국 국채에 대한 투자 메리트는 떨어지게 될 것이다.

질문 앞으로 글로벌 금융시장의 패러다임이 어떻게 변할 것으로 보는가?

마크 파버 2008년의 글로벌 금융시장 위기는 앨런 그린스펀 전前 연방준비제도이사회FRB 의장의 잘못된 통화정책에 일차적인 원인이 있다. 투자은행IB 및 대형 투자회사에 대한 금융규제 완화가 모럴 해저드도덕적 해이를 초래했고, 통화거품을 양산했다. 나는 1970년대 그린스펀 의장과 같은 회사에서 근무한 적이 있었다. 그린스펀은 원자재와 식품가격을 제외하고 물가수준을 측정하는 '핵심core 인플레이션'만 강조했고 경제 전체의 일반적인 물가수준을 과소평가했다. 원자재 가격이 폭등하는데도 핵심 인플레이션에만 몰두하다 보니 인플레이션 상승에 제대로 대처하지 못하고 연방기금금리를 1.0%까지 낮추는 실수를 범했다. 자산에 거품이 발생하면 일반 중산층이나 저소득층에는 혜택이 거의 돌아가지 않고, 월스트리트의 투자은행과 금융기관에 가장 큰 이익이 돌아간다. 우아한 파티에 초대된 사람들이라면 파티가 빨리 끝나길 원하는 사람은 아무도 없을 것이다. 자산거품이 발생할 때에도 마찬가지다. 사람들은 자산거품이 영원히 지속될 것이라고 믿고 있으며, 또 그렇게 되기를 바란다. 2008년의 글로벌 금융위기는 이 같은 잘못된 믿음이 만들어낸 결과물이다.

DEMISE OF DOLLAR

제 2 장

달러 패권의 몰락

DEMISE OF DOLLAR

01. 월스트리트의 탄생

　뉴욕 맨해튼 남부에 위치한 월스트리트^{Wall Street}는 세계 금융의 중심지이다. 전 세계 이슬람교도들이 중동의 메카로 향해 예배를 하듯이 은행, 보험, 증권 등 글로벌 금융회사들은 뉴욕 맨해튼의 월스트리트로 몰려든다.

　월스트리트를 빼놓고는 미국경제를 설명할 수 없고, 자본주의 경제를 얘기할 수 없을 정도로 월스트리트는 자본주의를 대표하는 상징이 되었다. 주식과 채권, 달러, 파생상품 등 글로벌 경제를 움직이는 자본이 월스트리트라는 작은 금융 거리를 통해서 거래된다. 월스트리트가 불황에 빠지면 세계 경제가 둔화되고, 월스트리트가 활황을 이루면 세계 경제는 성장세로 돌아선다.

네덜란드와 영국의 전쟁

그럼 월스트리트와 맨해튼은 어떻게 해서 세계 금융자본을 스펀지 처럼 흡수하는 블랙홀이 되었을까?

월스트리트의 역사는 세계 자본주의가 걸어온 역사인 동시에 탐욕 과 욕심의 역사이기도 하다. 월스트리트의 역사는 미국의 역사와 맥을 같이 한다.

뉴욕 맨해튼 섬은 대항해 시대가 한창이었던 1524년 이탈리아의 항 해사 베르자노에 의해 처음 발견되었다. 그 후 100년이 지난 1625년 네덜란드 사람들이 맨해튼 서쪽을 흐르는 허드슨 강변으로 진출해 이 곳을 뉴New네덜란드라고 부르고 맨해튼에 뉴New암스테르담을 세워 식 민지의 기반을 마련했다.

1626년 최초의 주지사였던 피터 미누이트가 이곳 인디언들에게 24 달러에 해당하는 물품을 주고 맨해튼 섬을 구입했다. 네덜란드 사람들 이 맨해튼을 개척하고 있을 때 천혜의 항구였던 뉴암스테르담은 당시 네덜란드와 거의 비슷한 시기에 미국으로 진출하고자 했던 영국이 눈 독을 들이는 지역이었다.

결국 네덜란드와 영국은 1652년 제1차 영국-네덜란드 전쟁을 치르 게 된다. 네덜란드 식민지였던 맨해튼을 영국인들의 공격으로부터 방 어하기 위해 네덜란드 사람들은 나무울타리와 목책을 설치했다. 이 때 방어용 목책Wall을 쌓은 지역이 바로 월스트리트의 기원이다. 우리말로는 '목책을 쌓은 거리' 정도로 풀이할 수 있겠다.

결국 월스트리트는 적을 방어하기 위해 목책을 쌓은 지역인데 오늘날은 세계 자본을 좌지우지하는 금융의 핵으로 변하게 된 것이다. 영국은 네덜란드와의 전쟁에서 승리를 거두고 뉴암스테르담은 영국 찰스 2세의 동생인 요크York공의 이름을 따서 새로운 요크라는 의미의 뉴욕New York으로 불리게 되었다.

탐욕이 판치는 월스트리트

월스트리트는 초창기 내세울 것 하나 없는 허름한 뒷골목에 지나지 않았지만 식민지였던 미국경제가 18세기 급성장하면서 상업과 무역의 중심지가 된다. 하지만 1776년부터 6년간 이어진 미국 독립전쟁으로 상업과 무역의 중심지였던 월스트리트와 뉴욕은 도시 전체가 파괴되었으며, 두 차례에 걸친 대화재로 상업적 기반이 붕괴되었다.

그럼 월스트리트는 어떻게 경제기반이 무너진 상황에서 세계 금융의 중심지로 발전하게 되었을까?

미국은 영국과의 독립전쟁에서 결국 승리를 거두고 미합중국으로 탄생한다. 미국의 건국공신 가운데 금융을 잘 이해하고 올바른 비즈니스 마인드를 가졌던 알렉산드 해밀턴은 초대 재무장관이 되어 미국 금융시스템을 대폭 개선시켰다.

뉴욕은 빠른 속도로 금융과 상업의 중심지로 부상하게 된다. 뉴욕과 월스트리트는 본격적인 성장궤도에 들어서며 새로운 금융역사를 써나가기 시작했으며, 미국 초대 대통령인 조지 워싱턴 대통령은 월스트리트 옆에 있는 뉴욕 시티 홀에서 대통령 취임선서를 한다.

18세기 뉴욕의 주식브로커들은 비즈니스 업무가 늘어남에 따라 같은 장소에서 매매 체결 업무를 할 수 있는 장소의 필요성을 느끼게 되었고, 주식거래 장소를 물색하게 된다. 이 당시 대부분의 주식 매매는 커피숍에서 이루어졌다.

1792년 뉴욕의 주요 주식브로커들이 월스트리트의 무화과나무 아래에 모여 주식매매 수수료는 매매 대금의 0.25% 이하로는 받지 않는다는 약속을 하게 되는데 이것이 그 유명한 '버튼우드 협정'이다. 세계 최대의 증권거래소인 뉴욕증권거래소[NYSE]가 세워진 것도 바로 이때의 일이다. 버튼우드 협정은 주식브로커들이 매매 수수료 담합을 적은 문서였으며, 이는 월스트리트 주식시장을 알리는 최초의 문서에 해당한다.

월스트리트 증권시장은 1803년 이리운하가 건설되면서 급성장한다. 이리 호는 미국 북부의 이리 호수와 맨해튼의 허드슨 강을 잇는 대규모 공사였는데, 1825년 완공 이후 항구도시였던 뉴욕은 인구, 상업, 금융 모든 면에서 폭발적인 성장을 이루게 된다.

월스트리트는 초창기 투기와 사기, 속임수가 난무했다. 운하, 철도 주식들이 거품과 투기를 양산했고, 돈이 많은 부자들은 인위적으로 주가를 끌어올려 큰돈을 챙기고 주식을 내다팔았다.

건전한 주식투자는 상상하기 힘들었고 무모한 베팅과 속임수로 한 몫을 챙기려는 투기가 기승을 부렸다. 1900년대의 월스트리트는 여전히 무질서한 시장체제를 보였으며 1929년의 대공황과 함께 미국경제에 큰 피해를 입히게 된다.

이후 1차 세계대전은 영국과 프랑스가 전쟁비용에 허덕이며 세계 초강대국의 지위를 상실하게 만들었으며, 대신 미국을 진정한 승리자로 만들며 초강대국의 지위에 올라서게 했다. 월스트리트와 뉴욕증권거래소가 세계 자본주의의 거점이 된 것은 이때부터이다.

이후 월스트리트는 세계적인 금융기관들을 유치하면서 오늘날의 명성을 쌓게 되었다. 미국 발^發 경기침체에 따른 글로벌 신용경색으로 지금은 글로벌 경제의 미운 오리 새끼가 되었지만 말이다.

02. 경제역사를 바꾼 버블들

인류의 경제역사는 거품의 생성과 붕괴의 순환이기도 하다. 과거에 발생했던 거품이 오랜 시간이 지난 뒤에 다시 재연되는 것은, 인간이 과거의 아픈 경험을 쉽게 잊어버리고 또 다시 광기와 욕심에 휩싸이기 때문이다. 부富를 창출하고 돈을 벌어들이려는 인간의 본능과 욕심이 과거의 거품을 만들어 냈으며, 앞으로도 이러한 현상은 재현될 것이다.

2008년 11월 미국의 2대 은행인 씨티그룹이 파산 위기에 몰려 정부의 구제 금융을 받을 정도로 망가진 것은 거품경제의 또 다른 단면이다. 서브프라임 모기지부실과 파생금융상품 남발로 미국경제가 벼랑 끝으로 내몰리고 있는 것은 파생상품 버블이 초래한 대재앙이다.

경제 논객으로 유명한 토머스 프리드먼 뉴욕타임스 기자는 파생상품 버블을 제어하지 못한 미국 정부의 무능과 안일함을 다음과 같이 꼬집었다.

"미국은 대량 살상무기를 찾는다는 명분을 내세워 이라크를 침공하고 전쟁을 일으켰지만 대량 살상무기는 결국 찾지 못했다. 반면 미국은 파생상품으로 거품을 만들어 국민들의 삶을 어렵게 만들고 있다. 미국 금융기관들이 개발한 파생금융상품이야말로 국민들을 궁지에 몰아넣은 대량 살상무기이다."

미국 월스트리트가 양산한 파생금융상품은 경제거품에 또 다른 족적을 남겼다. 좋은 의미의 족적이 아니라 역사에 길이 남을 오명의 족적이다. 후세 사람들은 경제역사의 거품을 논하고 분석할 때 반드시 20세기 초 발생했던 미국의 파생금융상품을 언급하게 될 것이다.

세상 사람들은 세계 3대 거품으로 네덜란드의 튤립 거품, 영국의 남해회사 거품, 프랑스의 미시시피 거품을 꼽는다. 20세기 초 전 세계를 장기불황의 구렁텅이로 밀어 넣었던 미국의 파생금융상품 거품도 몇 손가락 안에 꼽히는 대형 거품으로 기억될 것이다.

17세기 네덜란드의 튤립 거품

투기와 거품에 대한 얘기가 나올 때마다 빠지지 않고 등장하는 꽃이 바로 '튤립'이다. 튤립은 터키가 원산지로 뿌리만 보면 양파와 다를 바 없는 백합과의 구근초球根草이다.

17세기 네덜란드로 돌아가 보자. 네덜란드는 당시 세계 최고의 경제 패권이었던 에스파냐의 지배에서 벗어나 1647년 베스트팔렌 조약을 통해 독립하게 된다. 1609년 암스테르담 은행이 설립되고, 1610년에는 암스테르담에 새로운 증권거래소가 생겨날 정도로 경제와 금융 산업도 함께 활짝 피기 시작했다.

사람들은 불어난 자본과 돈을 주체하지 못해 새로운 투자처를 발굴하느라 정신이 없었다. 오늘날 미국 국민과 금융회사들이 부동산과 파생금융상품에 재산을 베팅했던 것처럼 네덜란드 사람들은 당시 신비의 꽃으로 불렸던 튤립에 투자하기 시작했다.

1630년대 네덜란드에서는 터키(당시 오스만투르크)에서 들여온 튤립이 부와 권력의 상징으로 자리를 잡아가고 있었다. 네덜란드에 처음 전래된 튤립은 모양과 색깔이 너무나 화사하고 아름다워 국민들로부터 널리 사랑을 받았으며, 심지어 튤립을 키우지 않으면 '교양이 없다'는 말을 들을 정도로 대중적인 인기를 끌었다.

귀족과 부자들은 별장과 함께 튤립을 사들이는 데 돈을 소비했다. 화려한 저녁만찬에 얼마나 많은 튤립이 전시되어 있는가가 부를 측정하는 기준이 되었다. 수요는 증가하는데 공급이 한정되어 있다면 가격은 올라간다. 터키에서 수입되는 튤립의 양은 제한되어 있었고 네덜란드 국민들 사이에서는 튤립 사들이기 열풍이 불어 닥치면서 튤립가격은 말 그대로 천정부지로 치솟았다. 튤립마다 황제, 총독, 영주, 대장 등과 같이 군대계급과 비슷한 이름이 붙여질 정도였다.

2000년대 초 미국에서 부동산 불패신화가 만들어졌다면, 이 시대의 네덜란드에서는 튤립 불패신화가 형성되고 있었던 것이다.

마이크 대시가 저술한 『튤립, 아름다움과 투기의 역사』를 살펴보면 튤립이 얼마나 비싼 가격에 거래되었는지 짐작할 수 있다. 당시 네덜란드 일반 가정의 1년 평균 생활비가 300길더였는데, '총독'이라는 이름이 붙은 튤립 품종은 3,000길더에 거래되었다.

그럼 1630년대 3,000길더는 얼만큼의 구매력을 가지고 있었을까? 화폐가치는 얼마나 될까? 3,000길더로 구매할 수 있는 물품은 돼지 8마리(240길더), 황소 4마리(480길더), 양 12마리(120길더), 밀 24톤(448길더), 버터 2톤(192길더), 치즈 450킬로그램(120길더), 옷감 108

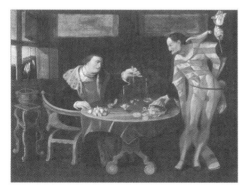

17세기 네덜란드에서 발생한 튤립 사재기 광풍은 거품경제의 대표적인 사례이다. 검사관이 튤립 뿌리를 살펴보고 있다

튤립 판매를 선전하는 전단지

킬로그램(80길더), 배 1척(500길더) 등이었다.

튤립 사재기 광풍은 1637년 1월 정점에 달했다. 하루에 튤립가격이 2~3배씩 급등하기도 했으며 한 달 동안 2,600%의 수익률을 기록하기도 했다. 사람들은 전 재산을 팔아 튤립 매수에 열을 올렸다.

하지만 거품은 더 이상 부풀어 오르지 않았다. 2월부터 거품이 가파른 속도로 빠지기 시작했다. 사람들은 자신들의 욕심과 과욕이 비이성적이었다는 것을 알았지만 때는 이미 늦었다. 바람 빠진 풍선처럼 튤립 사재기 열풍은 급속도로 냉각되었다. 이후 4개월 만에 튤립가격은 95% 이상 폭락했다. 상투에서 튤립에 1억 원을 투자한 사람이라면 9,500만 원을 날리고 500만 원만 남은 꼴이 된다.

네덜란드의 튤립 투기는 역사상 최악의 폭락세를 야기한 사건으로 기록되고 있으며, 인간의 욕심과 탐욕이 얼마만큼 비이성적인 것인지를 적나라하게 보여준다.

뉴턴을 파산시킨 남해회사 버블

네덜란드의 튤립 거품이 꺼진 후 50년 뒤 이번에는 영국에서 역사적인 투기가 나타났다. 1687년 영국에서 발생한 '남해회사South Sea' 투기광풍이 바로 그것이다.

투기의 단초는 윌리엄 핍스William Phipps, 1651~1695라는 선장이 제공했다.

핍스는 우연한 기회에 바다 속에 금은보화를 실은 에스파냐 보물선 '콘셉시온 호'가 침몰돼 있다는 소문을 듣고 7년 동안 바다 속을 헤집고 다닌 끝에 콘셉시온 호를 발견한다. 콘셉시온 호에는 금괴 11킬로그램, 은괴 32톤 등 30만 파운드가 넘는 보물이 실려 있었다.

핍스의 항해에 뒷돈을 댄 투자자들 중에서는 최고 1만%의 투자수익률을 기록한 사람들도 있었다. 핍스는 보물선을 발견하고 인양한 공로를 인정받아 영국 정부로부터 기사 작위를 받았으며 1만 파운드 이상 포상금을 받기도 했다. 핍스는 한 순간에 부와 명예를 거머쥐었으며, 영국인의 우상으로 떠올랐다. 투기광풍은 바로 여기에서 출발한다.

제2의 핍스를 꿈꾸었던 사람들이 너도나도 주식회사를 설립해 바다 탐험에 나섰다. '나도 핍스처럼 기사 작위를 받고 천문학적인 돈을 만져보자'는 심리가 영국 전역으로 퍼져 나갔다.

이들 중 전직 영국의 재무장관이었던 로버트 할리^{Robert Harley, 1661~1724}라는 사람이 남해회사^{South Sea}를 설립해 투자자들을 끌어 모았다. 콘셉시온 호가 가져다 준 대박에 눈이 멀었던 투자자들은 남해회사에 기꺼이 뒷돈을 대고 투자를 했다.

하지만 남해회사는 이렇다 할 실적과 성과를 내지 못하고 표류하고 있었다. 다급한 나머지 남해회사는 남아메리카 주요 항구에 대한 통상권을 확보했다는 루머를 퍼트리거나, 남아메리카의 은 광산 운영권을 따냈다는 루머를 만들어 내면서 주가를 끌어올렸다.

남해회사 주가는 요동치기 시작했고, 투자자들은 남해회사 주식을 사려고 아우성을 쳤다. 남해회사에 대한 투자는 점점 투기로 변했고 결국에는 광풍으로 번졌다.

회사 설립 이후 9년 동안 주당 평균 100파운드에 머물렀던 남해회사 주가는 1,000파운드까지 가파르게 상승했다. '남해회사 주식을 사두면 해마다 수백%씩 배당을 받을 수 있다'는 소문이 퍼지면서 투기는 광기로 치달았다. 하지만 결국 주가를 끌어올린 재료가 거짓 루머로 확인되면서 주가는 한 순간에 10분의 1토막이 나고 말았다.

투자자들의 피해가 속속 보고되고, 파장이 영국 전역으로 확산되자 영국 의회는 급기야 진상조사에 나섰다. 주가 조작 관련자들을 처벌하고 중간발표를 통해 '남해회사 주가는 거품이었다'는 결론을 내렸다. 정부의 공식문서에 '버블bubble'이라는 단어가 사용된 것은 이때가 처음이다. 의회가 거품방지법을 제정하는 것으로 사태가 일단락되었을 때 투자자들은 '루머에 속았다'며 땅을 치고 통곡했지만 이미 엎질러진 물이었다.

당시 런던의 조폐국장으로 있던 천재 물리학자 아이작 뉴턴Sir Isaac Newton, 1642~1727도 남해회사 투자로 전 재산을 몽땅 날리고 말았다.

뉴턴은 처음에는 100%의 수익을 올리기도 했지만 주가가 더 오를 것으

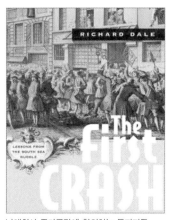

남해회사 주가급락에 항의하는 투자자들

로 판단하고 주식을 계속 보유하는 바람에 결국 2만 파운드를 날리고 말았다. 요즘 가치로 20억 원을 잃은 뉴턴은 "나는 천체의 움직임은 계산할 수 있지만, 인간의 욕심과 광기는 도저히 헤아릴 수가 없다"는 유명한 격언을 남기게 된다.

『로빈슨 크루소Robinson Crusoe』의 저자로 유명한 대니얼 디포Daniel Defoe. 1660~1731도 남해회사 투자로 큰 재산을 잃었다.

시집 온 아내의 지참금마저 날리고 32세에 35억 원의 빚을 진 디포는 빚쟁이를 피해 다니다 나이 60세에 이르러 성서聖書를 제외하고 전 세계에서 가장 많이 출판됐다는 소설 『로빈슨 크루소』를 출간했다.

배가 난파되면서 무인도에 홀로 남겨진 극한의 상황에서 극도의 외로움과 고통을 불굴의 의지로 이겨내는 소설 속의 선원 크루소가 주인공으로 설정되어 있다. 크루소는 남해회사 투자실패로 어마어마한 빚에 시달려 채권자들을 피해 도망가는 자신의 모습을 투영한 것에 다름 아니다. 크루소가 무인도에서 비참한 생활을 한 27년 2개월은 디포가 주식투자 실패로 빚쟁이를 피해 다녀야 했던 기간과 묘하게도 일치한다.

프랑스의 미시시피 버블

17세기 네덜란드에서 튤립 거품, 영국에서는 남해회사 투기광풍이

스치고 지나가는 동안 프랑스에서는 18세기 초 금융회사인 미시시피가 투자거품을 양산해 금융시장에 혼란을 초래했다.

18세기 초 프랑스의 국가재정은 바닥을 드러내고 있었다. '왕의 권력은 하늘로부터 물려받은 것'이라는 '왕권신수설王權神授說'을 신봉했던 루이 14세는 베르사이유 궁전을 짓고 전쟁을 치르는 등 사치와 낭비를 일삼았다.

현재 미국의 예산적자가 국내총생산GDP의 5% 가량을 차지하며 부채 규모가 눈덩이처럼 불어나고 있는 것처럼, 18세기 초의 프랑스도 국가 재정이 파탄지경에 처해 있었다.

루이 14세에 이어 실질적인 권력을 장악하고 있었던 필리프 2세는 뭔가 해결책을 마련해야만 했다. 자칫 잘못하다가는 프랑스 정부가 파산 위기에 처할지도 모를 일이었다.

이 때 존 로John Law, 1671~1729가 나타났다. 존 로는 필리프 2세를 설득한 끝에 프랑스 정부 소유인 루이지애나(당시 미국 남부의 절반에 이르는 지역)에 대한 식민지 개발권과 교역권을 독점적으로 소유할 수 있는 권한을 얻었다. 대신 존 로는 프랑스 정부의 막대한 부채를 갚아준다는 조건을 필리프 2세에게 제시했다.

존 로는 루이지애나 개발 계획을 실행에 옮기기 위해 '미시시피' 회사를 만들었다. 또 1716년 자금조달을 위해 직접 은행을 설립해 금융 사업에

미시시피 회사를 설립해 거품을 양산한 존 로

진출했다.

존 로는 은행을 통해 화폐를 찍어내고, 미시시피 회사의 주식발행으로 얻어진 이익을 프랑스 정부에 바쳐 필리프 2세를 기쁘게 했다. 프랑스 정부 입장에서는 정부채무를 갚을 수 있고, 대서양 건너편의 식민지였던 루이지애나 개발도 본격화할 수 있어 손해 볼 것이 전혀 없었다.

프랑스 정부는 존 로의 새로운 사업을 측면에서 지원하고, 아시아 지역 개발에 필요한 회사설립도 허용하는 등 도움을 아끼지 않았다.

'정부가 미시시피 회사를 지원한다'는 루머와 확신이 전국으로 퍼져나가면서 미시시피 회사의 주가는 천정부지로 치솟았다. 미시시피 회사가 새로운 사업내용을 발표하거나 공시할 때마다 주가는 급등했다. 1년 만에 미시시피 회사 주가는 주당 300리브르에서 2만 리브르까지 폭등했다. 1억 원을 투자했다면 1년 뒤에 주가는 600억 원을 넘어설 정도로 상상을 초월하는 수준이었다.

미시시피 회사는 정부 채무를 추가로 인수하면서 정부로부터 담배 독점권을 획득하고 유럽 이외 지역에 대한 대외무역도 독점하는 등 금융과 산업분야에 걸쳐 그야말로 무소불위의 권력을 행사하게 되었다. 또 화폐를 찍을 수 있는 권리, 국민들로부터 세금을 거두어들이는 권리 등을 프랑스 정부로부터 잇따라 따내는 등 특혜를 받기도 했다.

시골사람들은 파리로 몰려들었고, 파리사람들은 미시시피 회사 주식을 구하지 못해 안달이었다. 하룻밤만 지나면 미시시피 주가는 급등해 있었기 때문에 국민들은 미시시피 주식에 열광하지 않을 수 없었다. 프랑스 정부는 급기야 존 로를 재무총감에 임명했고, 외국인 죄수 출신인 그에게 공작 작위까지 수여했다.

하지만 '산이 높으면 골짜기도 깊다' 는 증시 격언이 현실로 나타나기 시작했다. 존 로의 무리한 화폐발행으로 시중에 돈이 풀리면서 물가가 급등했다. 시중에 돈이 흘러넘치는데 어찌 물가가 오르지 않겠는가? 국민들은 생활용품을 사는 데 3~4배의 비용을 더 감수해야 했고, 물가상승으로 기업들의 생산 활동도 더욱 악화됐다. 살림살이가 힘들어진 국민들은 프랑스 정부를 성토했고, 존 로의 통화 공급 화폐정책이 이 같은 사태를 초래했다고 비난했다.

결국 프랑스 정부는 존 로를 재무총감에서 물러나게 했고, 존 로가 운영하는 미시시피 회사도 정부의 도움과 지원이 끊기면서 경영이 힘들어졌다. 미시시피 회사 주가가 최고점을 찍고 급락하기 시작했으며, 한때 2만 리브르를 넘어섰던 주가는 투매가 일어나면서 수백 리브르까지 곤두박질쳤다. 미시시피 회사 주식을 가지고 있었던 주주들에게는 '대재앙' 이나 마찬가지였다.

사람들은 미시시피 회사를 원망하거나 저주했으며, 미시시피 회사가 추진했던 루이지애나 지역 투자 및 개발에 대해서도 회의적인 시각을 보였다. 존 로가 만들어낸 경제 거품에 꼭두각시 역할을 했다는 사실을 뒤늦게 알아차린 프랑스 정부는 결국 1803년 루이지애나를 미국에 팔아버린다. 현재 미국 영토의 3분의 1에 해당하는 어마어마한 규모이다.

이처럼 프랑스의 미시시피 버블은 한 개인의 탐욕과 이성을 잃은 국민들, 소신 없는 정부 정책이 맞물리면서 만들어졌고 결국에는 사라졌다. 후세 사람들은 17세기의 네덜란드 튤립 거품과 영국의 남해회사 버블, 18세기 초 프랑스의 미시시피 버블을 경제 역사를 흔든 '3대 버블'로 부르고 있다.

2007년의 파생상품 버블

여기에 2007년 후반에 나타나 현재 진행되고 있는 미국의 '파생금융상품 버블'이 보태어진다. 사람들은 파생금융상품 버블이 초래한 전 세계적인 경기침체를 두고 1930년대 대공황 이후 최악의 경기불황이라고 경고하고 있다.

경제 역사에서 지금까지의 거품과 버블은 특정 국가에 한정되었지만, 파생금융상품 버블은 특정국가(미국)뿐 아니라 전 세계적으로 연결돼 있다는 점에서 파괴력과 충격이 더욱 크다고 볼 수 있다. 미국과 유럽EU은 부실 대기업에 공적 자금을 투입하거나 회사 자체를 국유화하는 조치를 취하면서까지 위기탈출에 안간힘을 쏟고 있다.

1990년대 잃어버린 10년의 경기불황을 겪은 일본경제는 가까스로 긴 암흑의 터널을 벗어나려는 순간 파생금융상품 버블이 터지는 바람에 다시 암흑 속으로 역주행하는 모습을 보이고 있다.

글로벌 경제의 새로운 성장 동력 역할을 했던 중국과 일본도 전 세계적인 경기침체에 따른 소비위축으로 성장률이 뚝 떨어지고 있다. 파생금융상품의 진원지인 미국뿐 아니라 전 세계가 거품 붕괴로 신음소리를 내고 있는 것이다.

또 개발도상국인 중남미와 아프리카 국가들 중에서는 자력으로 경기불황을 헤쳐 나가지 못하고 국제통화기금IMF이나 이웃 국가들에 손을 벌려 구제자금을 받아가고 있다. 파생금융상품 버블의 파편과 후유증이 전 세계를 강타하고 있으며, 더욱 심각한 것은 이 같은 복합불황과 경기침체가 언제 끝날지 예측하기 힘들다는 것이다.

세계 최대 자동차회사였던 제너럴모터스GM의 주가는 2004년 1월 주당 54달러에서 2008년 11월 3달러대까지 떨어져 무려 95%나 급락했다. 또 한때 세계 최고의 상업은행이었던 시티그룹의 주가는 2004년 1월 주당 50달러 이상에서 거래됐지만 2008년 11월에는 3.7달러까지 추락했다.

후세 사람들은 파생금융상품 버블을 역사상 '4대 버블'에 포함시킬지도 모를 일이다.

03. 탐욕이 부른 서브프라임 부실

필자는 지난 2004년 7월 서울경제신문 뉴욕특파원으로 파견되었다. 한인들이 많이 거주하는 뉴욕 플러싱Flushing에 집을 구할 때의 일이다. 유태인 부동산 중개업자가 나에게 물었다.

"얼마나 미국에 거주할 계획입니까?"

"3년 정도요."

"그럼 매달 월세를 내는 렌트rent할 집을 구하지 말고, 목돈이 있으면 아예 집을 사는 것이 좋아요."

"왜 그렇죠?"

"내 예상으로는 3년 뒤에 미국 집값은 20% 가량 뛸 겁니다. 당신이 귀국할 때쯤이면 오히려 집값 상승으로 큰돈을 만질 겁니다. 내 말을 믿고 집을 사세요. 결코 후회하지 않을 겁니다. 미국 사람들은 지금 집 사기 열풍에 빠져 있어요. 기회를 놓치지 마세요."

유태인 부동산 중개업자는 확신에 차 있었다. 하지만 필자는 미국 부동산 거래관행을 잘 몰랐고, 자금사정도 그리 넉넉하지 않아 렌트 형식으로 3년 동안 거주할 집을 마련했다. 유태인 부동산 중개업자는 나의 결정에 혀를 끌끌 차며 후회할 것이라고 한마디 했다.

필자가 3년 동안의 특파원 생활을 마치고 귀국할 2007년 7월 중순 미국 주택경기는 벼랑으로 떨어지고 있었다. 장기간의 저금리 정책으로 부풀어 오른 거품이 터지기 시작하면서 대도시는 물론 미국 전역에서 집값 하락으로 곡^哭소리가 울려 퍼졌다. 원금은 고사하고 은행에 물어야 할 이자도 지급하지 못해 도주하는 사람이 나타났고, 원리금을 갚지 못해 집을 차압당하는 사람들이 속출했다.

미국의 시장금리는 오를 대로 오른 상태에서 집값이 20~50% 폭락함에 따라 서민들은 이중고를 겪어야 했다. 또 대출자들에게 막대한 신용으로 돈을 빌려준 은행과 금융기관들은 부실을 떠안고 문을 닫아야 하는 지경까지 내몰렸다.

거미줄처럼 얽히고설킨 글로벌 경제에서 미국 주택시장의 붕괴는 바로 세계 경제에 직격탄을 날리게 된다. 주택시장을 포함한 실물경제가 가라앉고 주식시장은 폭락하는 등 글로벌 경제가 대공황의 징조를 보였다. 세계 언론과 사람들은 이를 두고 '서브프라임 모기지 사태'라고 부른다.

서브프라임 사태는 탐욕의 산물

그럼 글로벌 경제에 원자폭탄을 투하한 것과 같은 파괴력을 행사한 서브프라임 모기지 사태의 원인은 어디에 있을까? 18세기 산업혁명에 힘입어 세계를 제패했던 영국에 이어 20세기 세계패권을 장악한 미국 경제에 어떤 일이 발생한 것일까? 아메리카 패권주의의 종말, 달러의 몰락을 주장하는 사람들의 목소리가 힘을 얻고 있는 것은 왜일까? 바로 '탐욕'이 빚어낸 결과물이다.

먼저 서브프라임sub prime 모기지가 왜 부실의 씨앗을 잉태하고 있었는지 살펴보자. 역사상 나타났던 다른 경제거품과 마찬가지로 국민들의 욕심과 정부정책의 실패가 결합되면서 서브프라임 모기지 부실이 탄생했다. 구체적인 수치와 통계자료는 글을 전개하는 과정에서 계속 밝히기로 하고 여기서는 쉽고 간단하게 개괄적인 내용을 소개하고자 한다.

미국 국민들은 손쉽고 간단하게 은행에서 돈을 빌릴 수 있었다. 100만 달러짜리 집을 사려는 사람이 있다면 그는 100만 달러의 10~20%만 있으면 집을 구할 수 있었다. 10~20만 달러만 가지고 있으면 은행에서 80~90만 달러를 대출받아 100만 달러짜리 집을 매입할 수 있었다. 은행은 대출자들에게 80~90%의 신용을 제공했던 것이다.

1990년대 일본경제가 불황을 겪고 있는 동안 미국경제는 호황을 구가하고 있었다. 미국 국민은 호황이 지속될 것으로 기대하고 부동산

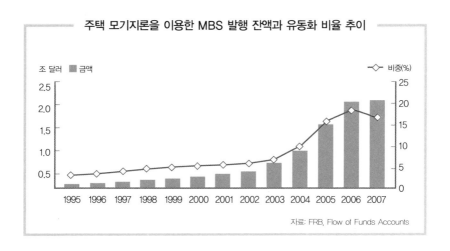

주택 모기지론을 이용한 MBS 발행 잔액과 유동화 비율 추이

자료: FRB, Flow of Funds Accounts

투기에 나섰고 은행들도 신용을 불문하고 대출자들에게 돈을 빌려주었다.

　신용도가 양호한[prime] 사람은 물론이고 신용도가 떨어지는 사람들, 즉 서브프라임[sub prime] 대출자들에게도 마구 돈을 빌려주었다. 미국 국민들과 금융기관들은 미국경제의 호황에 취해 장래에 발생할 수 있는 문제점은 전혀 생각하지도 않고 흥청망청 돈을 빌리고 빌려주었다. 그들은 '탐욕'의 세레나데가 언제까지나 울려 퍼질 것으로 착각하고 있었던 것이다.

　무주택 서민들은 돈을 갚을 능력은 생각하지도 않고 무작정 집을 구입했고, 1가구 주택자들은 투기목적으로 또 한 채의 집을 샀다. 부자들은 여름휴가용으로, 겨울 별장용으로 여러 채의 집을 사들였다.

　주택을 구입하는 것이 마치 한 시대를 풍미한 유행이 되어버리면서 주택 가격은 하늘 높은 줄 모르고 치솟았다. 로스앤젤레스LA, 뉴욕, 시카고, 워싱턴D.C, 플로리다 등 대도시는 물론이고 미국 전역이 부동산 열풍에 휩싸였다. 아니 부동산 광풍의 시대였다고 하는 것이 더 정확한 표현일 것이다.

몇 년 만에 집값이 2~3배로 폭등하고, 사려는 사람은 많은데 매물이 줄어들면서 가격은 상승일로에 있었다. 탐욕이라는 이름의 부동산 투기 광풍으로 사람들은 방향 감각과 균형 감각을 점점 잃어버리게 되었다. '집은 사두기만 하면 돈이 된다'는 생각이 전염병처럼 퍼져 나가면서 사람들은 주택구입에 매달렸다.

과대망상에 걸린 국민들

그들은 '과대망상증'의 중증환자가 되어 가고 있었다. 집값이 오르다 보니 씀씀이가 헤퍼졌다. 그들은 집값이 오르는 것을 보고 그들의 재산이 덩달아 늘어나는 것으로 착각했다. 보란 듯이 돈을 쓰기 시작했다. 소비야말로 최고의 미덕이라고 그들은 믿었다. 저축은 어리석은 자들의 짓이고, 흥청망청 일단 쓰고 보자는 소비심리가 팽배했다. 미국 국민들의 저축률이 1%에도 미치지 못하는 점을 감안하면 그들의 왜곡된 허영심을 알 수 있다.

미국 국민과 금융기관들이 술에 중독된 알코올 환자처럼 부동산 투기와 과소비에 빠져 있을 때 과연 미국 정부는 무엇을 하고 있었을까?

　결론적으로 말하면 미국 정부는 서브프라임 모기지 부실과 이에 따른 글로벌 경기침체를 야기한 주범이다. 어처구니없게도 그 중심에 앨런 그린스펀 전^前 연방준비제도이사회^{FRB} 의장이 있다. 세상 사람들은 앨런 그린스펀 의장에 대해 '경제 대통령'이라고 치켜세우지만 사실 그는 술을 만드는 전 세계의 양조업자보다 더 많은 거품을 양산한 장본인이다.

　앨런 그린스펀 FRB 의장과 미국 정부의 무사안일, 업무태만, 뒷북치기 경제정책을 잠깐 들여다보자.

　미국 중앙은행인 연방준비제도이사회^{FRB}를 18년 이상 역임했던 앨런 그린스펀 의장은 1990년대 저금리 통화정책을 구사해 경기를 부양하는 성장모델을 만들었다. 기준금리가 되는 연방기금금리는 1.0%까지 떨어졌고 국민들은 은행에서 마구잡이로 돈을 빌려 집을 사고 소비지출을 늘려 나갔다.

　금리를 내리는 것을 '통화정책 완화'라고 말한다. 반대로 금리를 올리는 것을 '긴축 통화정책'이라고 한다. 금리를 내리는 완화된 통화정책을 실시하면 시중에 돈이 풀린다. 즉 유동성이 확대되는 것이다. 국민들은 금리가 낮기 때문에 은행에 예금이나 적금을 들지 않고 주식이나 부동산 투자로 발길을 돌린다.

저금리가 초래한 재앙

기업들도 은행에서 낮은 금리로 돈을 빌려 공장을 짓거나 해외 기업들을 인수합병M&A한다. 앨런 그린스펀 의장은 1.0%의 낮은 금리를 유지함으로써 미국경제가 완만한 성장을 지속하고 있다며 국민들을 설득했다.

미국경제는 내부적으로 거품이 부풀어 오르고 위험요인들이 하나둘씩 늘어나고 있었는데 미국 금융당국은 애써 이를 외면했다. 미국 정부는 국민들에게 현실을 제대로 알리지 않고 장밋빛 전망만을 쏟아내며 국민들의 귀와 눈을 멀게 했다.

미국경제는 건전한 생산과 투자로 성장을 이어나갔던 것이 아니라 은행대출과 국민들의 과소비로 형식상의 성장을 나타냈던 것에 불과했다. 미국 정부는 월스트리트 금융기관들의 탐욕과 욕심에 일정 수준의 규제와 통제를 가하기보다는 오히려 탐욕을 부추기며 이를 수수방관했다.

결국 월가 금융기관들의 상식에서 벗어난 파행적인 파생상품거래를 제어하지 못했던 미국 금융당국의 '정부의 실패'가 '시장의 실패'를 초래하게 되었다. 은행 등 미국 금융기관들은 부동산 대출상품을 담보로 새로운 파생상품을 만들어 다른 금융기관에 이를 팔았다. 이를 매입한 금융기관은 또 다른 파생상품을 만들어 다른 금융기관에 넘겼다.

고구마 줄기가 복잡하게 얽히고설키듯 부동산 대출에서 출발한 파생상품은 여러 금융기관을 거치면서 원금의 10~30배에 달하는 신용을 만들어냈다. 금융회사들이 고객들의 부동산을 담보로 10만 달러를 대출자에게 빌려주었다면 금융회사는 이를 담보로 다시 다양한 파생금융상품을 만들어 낸다. 10만 달러가 여러 단계의 증권화 과정을 거쳐 100~300만 달러의 파생금융상품으로 변하게 되는 것이다. 월가 금융기관들은 이를 '금융공학' 이라는 그럴듯한 이름으로 포장해 그들의 뱃속을 채웠고 결국 그들이 양산한 거품은 순식간에 터지고 말았다.

100년 이상의 역사를 자랑하며 세계 자본주의 금융시장을 장악했던 미국 금융기관들이 서브프라임 부실경영으로 파산보호를 신청하거나 싼 가격에 매물로 나온 것은 그들이 만들어낸 금융공학 돈놀이가 얼마나 위험한 도박이었는지 여실히 보여준다. 그리고 앨런 그린스펀 의장과 미국 정책당국은 이를 수수방관한 공범이다.

04. 거품 키운 통화정책

 미국 주택경기 침체에 따른 글로벌 금융시장 붕괴를 야기한 이면에는 미국의 통화정책이 크게 작용했다.

 앨런 그린스펀 전^前 연방준비제도이사회^{FRB} 의장은 2000년 12월부터 6%를 상회했던 연방기금금리^{기준금리}를 끌어내리기 시작했다. 기준금리는 계단식으로 떨어졌으며 급기야 2003년 중순에는 1.0%까지 떨어졌고 이 상태가 2004년 중순까지 1년가량 이어졌다.

 당시 미국경제는 3~4%의 견고한 성장세를 이어가고 있었고 주택경기는 후끈 달아오르고 있었다. 은행에서 돈을 빌리는 비용이 1%에 그치자 미국 국민들은 너도나도 은행에서 대출을 받아 주택을 구입하고 소비를 늘렸다.

'집은 사두기만 하면 큰돈이 된다'는 기대심리가 마른 들판에 불이 번지듯 전국적으로 퍼져나가면서 주택 가격은 급등했다. 탐욕과 욕심에 사로잡혀 주택 '투기'가 기승을 부리면서 집값은 하늘 높은 줄 모르고 치솟았다.

집값 급등의 원인은 저금리

2004년의 경우 미국 주택 가격은 2003년보다 평균 13.4% 상승했다. 이는 1979년 이후 25년 만에 최고 수준이다. 미국 서부의 캘리포니아 지역은 21.5% 급등했고, 휴양도시로 유명한 동남부의 플로리다는 16.7% 뛰어올랐다. 특히 플로리다 주의 네이플즈는 집값 상승률이 35.6%에 달했다.

2005년에도 '주택 광풍狂風'은 이어졌다. 2005년 1분기의 경우 집값은 연율 기준 12.5% 상승했으며 2분기에도 12.8% 껑충 뛰었다. 은행에 1년 동안 돈을 예치해 놓으면 1%의 이자밖에 얻지 못하는데 매년 집값은 10% 이상씩 뛰어오르다 보니 국민들은 은행에서 돈을 인출해 부동산 투기에 열을 올렸다.

거품 풍선이 부풀어 오르면서 여기저기서 균열과 파열의 경고신호가 나타났지만 미국 국민들은 집값 상승이 영원히 지속될 것이라는 기대와 망상 속에 사로잡히고 말았다.

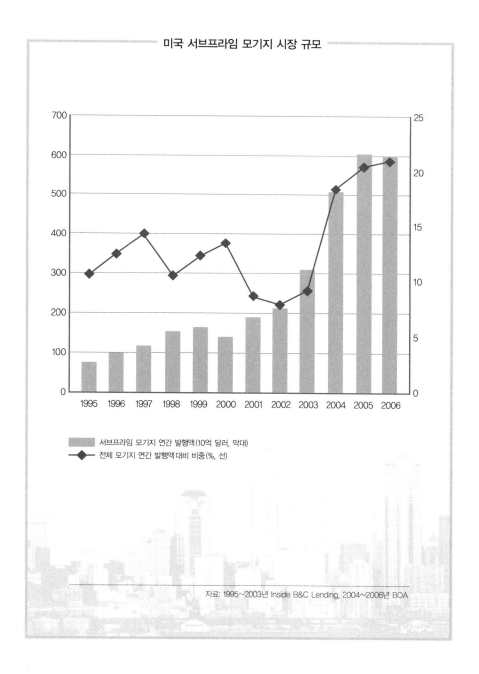

미국 서브프라임 모기지 시장 규모

서브프라임 모기지 연간 발행액(10억 달러, 막대)
전체 모기지 연간 발행액대비 비중(%, 선)

자료: 1995~2003년 Inside B&C Lending, 2004~2006년 BOA

필자도 비슷한 경험을 한 기억이 있다. 주택 가격이 정점을 향해 치달았던 2005년 중순의 일이다. 뉴욕 퀸즈^{Queens} 지역에는 베이사이드라는 부촌^{富村} 동네가 있다. 미국 주택 가격이 급등하자 한국 강남의 큰손들이 베이사이드에 있는 주택을 사기 위해 부동산 중개업소를 들락거렸다. 미국 유학중인 자녀들을 위한 실수요 목적도 있었지만 대부분은 집값의 추가상승을 기대한 투기적인 수요였다. 직접 미국으로 건너와 현장조사를 하고 시세를 살펴보는 한국인들도 많았다.

뉴욕과 허드슨 강을 사이에 두고 있는 뉴저지도 마찬가지였다. 한국의 대기업, 금융기관에서 파견된 주재원들과 교포들이 많이 살고 있는 뉴저지도 주택 가격이 급등하자 한국 부자들이 몰려들었다. 일부는 맨해튼까지 진출해 원룸 가격이 200만 달러에 달하는 집을 덜컥 사기도 했다.

미국 주택가격 급등에 미국 본토인은 물론 해외 원정대까지 가세하면서 집값 상승은 가속도를 내게 되었다. 그만큼 거품이 쌓일 대로 쌓여 나갔던 것이다.

거품이 양산되는 동안 앨런 그린스펀 FRB 의장과 미국 금융당국은 거품의 불씨를 간파하지 못하고 손을 놓고 있었다. 미국 정부는 4%대의 경제성장을 지속시키기 위해 저금리 정책을 구사했다. 6%를 상회했던 기준금리를 2000년 말부터 인하하기 시작해 2004년 중순에는 1%까지 끌어내렸다.

무너진 골디락스의 꿈

금리가 낮으면 시중의 돈은 은행에서 빠져 나와 주식시장과 부동산 시장으로 몰리게 된다. 낮은 금리를 주는 은행에서 자금이 이탈해 주택시장과 주식시장으로 이전된다. 이 기간 동안 집값이 폭등하고 미국 주식시장이 견고한 상승 국면을 나타낸 것은 결코 우연이 아니다. 미국 정부의 저금리 정책이 만들어 낸 결과물이다.

미국 정부는 이를 '골디락스 경제'라고 이름 붙였다. 골디락스 Goldilocks는 높은 경제성장 속에서도 물가상승 압력이 크지 않은 경제 상황을 나타낼 때 쓰는 말이다.

이 말은 '골디락스와 곰 세 마리'라는 영국의 전래동화에 나오는 금발머리 소녀 주인공 골디락스의 이름에서 따온 것이다. 숲 속에서 길을 잃고 헤매다 우연히 곰 세 마리가 사는 집에 들른 골디락스가 곰들이 끓여 놓은 세 종류의 수프를 먹게 된다. 세 종류의 수프는 각각 뜨겁고, 차갑고, 뜨겁지도 차갑지도 않은 것이었는데 골디락스는 이중 뜨겁지도 차갑지도 않은 적당한 온도의 수프를 선택해 허기진 배를 채웠다.

이 동화에서 골디락스가 선택한 수프처럼 뜨겁지도 차갑지도 않은, 즉 건실한 경제성장 속에 인플레이션 우려가 없는 이상적인 경제 상황이 바로 골디락스인 것이다.

앨런 그린스펀 FRB 의장과 FRB 위원들은 '미국경제가 견고한 성장을 이어가고 있다' 며 골디락스 경제를 옹호하는 데 앞장섰다. 주택 시장 붕괴와 물가상승을 경고하는 목소리가 여기저기서 터져 나왔지만 그들은 1% 기준금리를 1년 동안이나 고수했다.

결국 서브프라임 모기지 부실사태로 초래된 2008년의 글로벌 금융위기는 미국 정부의 저금리 정책이 도화선이 되었다. 골디락스 경제를 자신했던 미국 정부는 저금리 정책 속에서 부풀어 오르고 있었던 집값 거품을 간과하고 있었던 것이다.

05. 독이 된 파생금융상품

　서브프라임 모기지 부실사태와 이에 따른 글로벌 금융위기를 이해하기 위해서는 서브프라임 모기지 구조를 먼저 이해해야 한다. 서브프라임 모기지 대출이 파생금융상품으로 변화되고 레버리지 효과를 거쳐 거품이 형성되는 과정을 알고 나면 이 과정에 인간의 탐욕이 어떻게 작용하고 있는지 쉽게 알 수 있다.

　미 연방준비제도이사회[FRB]의 잘못된 정책, 즉 저금리 정책으로 미국 주택 가격이 정점을 찍고 하락국면에 접어들면서 2007년 3월 13일 미국 2위의 서브프라임 모기지업체인 뉴센츄리 파이낸셜이 파산하고 말았다.

모기지 업체들의 도산

뉴센츄리 파이낸셜은 이날 미국 증권거래위원회^{SEC}에 제출한 보고서를 통해 "현금 등 유동성이 부족해 골드만삭스, 시티그룹, 모건스탠리 등 투자은행들의 채권 환매 요청을 들어줄 수 없다"며 "모든 환매요구에 응하려면 84억 달러가 필요하지만 우리에게는 돈이 없다"고 전했다.

이후 서브프라임모기지 업체들이 경영부실로 잇따라 도산하고 지난 200년간 세계 금융시장을 지배했던 월가의 투자은행마저 파산보호 상태에 들어가거나 다른 금융기관에 내다 팔리는 신세로 전락하고 말았다.

이들 금융회사는 서브프라임 모기지 파생상품에 투자했거나 이를 잘못 운영해 하루아침에 문을 닫아야 하는 상황에 내몰렸다. 글로벌 주식시장은 폭락했다. 금융 부실이 실물분야로 확산될 것이라는 불안심리가 확산되었기 때문이다. 즉 서브프라임 부실 → 부동산 경기급랭 → 소비 격감 → 미국경제의 경착륙 → 세계 경제성장 저하 등으로 연결될 것이라는 우울한 시나리오가 설득력을 얻었고 시나리오는 실제 현실로 나타났다.

서브프라임 모기지는 신용이 부실한 차입자들을 대상으로 이들의 주택구입을 지원하기 위해 만들어졌다. 사회적, 경제적 약자인 흑인이나 멕시코인 등 미국에 정착하기 위해 이민 온 남미계 출신들이 주요

대상이었다.

　정상적인 모기지^{주택담보대출}는 고객의 신용도를 기반으로 하지만 서브프라임은 신용도가 낮은 사람들을 대상으로 담보비율, 지불능력, 연체 가능성 등을 두루 고려하기 때문에 정상 모기지에 비해 금리가 높은 것이 특징이다. 대출에 따른 리스크 수준에 따라 프라임^{우수} 모기지 금리에 비해 3~6%포인트 정도 가산 금리를 더 내야 한다.

　앨런 그린스펀 FRB 의장의 저금리 정책으로 주택시장이 후끈 달아오르자 미국 전역의 2만2,000개 모기지 전문회사들은 신용도가 떨어지는 서민들을 대상으로 서브프라임 모기지 대출을 마구 늘렸다.

　심지어 신용도가 떨어지고 담보능력이 부족해도 '대출경쟁'이 나타나면서 '묻지마 대출'이 속출했고 결과적으로 서브프라임 모기지 대출 규모는 눈덩이처럼 불어났다. 그야말로 모기지 회사들은 '문전성시'를 이루었던 것이다.

　서브프라임 모기지 시장의 비극은 여기서 시작된다. 화려한 불꽃놀이가 끝나면 타다 만 재만 남을 뿐이다.

화려한 불꽃놀이

　서브프라임 부실을 얘기할 때 빠트릴 수 없는 것이 대출금의 '증권화'이다. 주택구입을 원하는 가계는 모지지 은행을 찾아간다. 모기지

은행은 자기 돈으로 대출을 해주거나 시중은행 등 다른 금융기관으로부터 돈을 빌려 그 대출금을 빌려준다. 대출자가 수중에 10만 달러의 자금만 가지고 있어도 모기지 은행들은 원금의 9~10배에 달하는 90~100만 달러의 대출금을 빌려주었다.

모기지 은행은 가계에 빌려준 대출채권을 담보로 채권을 발행하고 이를 투자은행IB이나 상업은행CB, 보험회사 등에 매각한다. 또 모기지를 인수한 투자은행이나 금융회사들은 여러 개의 모기지 채권을 담보로 다시 주택저당증권MBS을 발행한다. 주택저당증권 중 일부는 부채담보부증권CBO으로 다시 가공돼 판매된다. 마지막 단계로 뮤추얼펀드, 헤지펀드, 연기금, 지방은행 등 다양한 투자자들이 이런 주택저당증권MBS과 부채담보부증권CBO을 사들인다. 아시아와 유럽, 중동 등 해외 투자기관도 서브프라임 모기지와 연관된 파생금융상품을 매입한다.

여기에 최근 한국 신문지상에 자주 오르내리는 금융 용어인 신용디폴트스왑CDS이 보태어진다.

주택저당증권MBS, 부채담보부증권CBO등 파생상품을 사들인 금융기관은 가계 차입자의 채무불이행 위험에 대비해 일종의 보험 차원에서 신용디폴트스왑CDS을 매수한다. 신용디폴트스왑 발행(매도) 주체는 헤지펀드나 다양한 투자기관들이다. 신용디폴트스왑을 매입하면 가계 차입자가 부도가 날 경우 은행들이 떠안아야 하는 위험을 줄일 수 있다. 반면 신용디폴트스왑을 발행하고 판매한 금융기관은 막대한 손실을 감수해야 한다.

이처럼 미국 금융당국의 저금리 정책과 금융회사들의 대출경쟁이 맞물리면서 서브프라임 대출은 급증한다. 1995년 650억 달러에 불과했던 서브프라임 모기지의 연간 신규 대출금액은 2006년 6,130억 달러로 무려 10배가량 늘어났다.

또 전체 모기지 대비 신규 대출액 규모도 이 기간 동안 10.2%에서 21.2%로 2배 증가했다. 대출 잔액 기준으로는 2006년 3·4분기 말 기준 서브프라임 대출규모는 1조1,900억 달러로 전체 모기지 10조300억 달러의 11.8%에 달했다. 그야말로 탐욕에 찌든 금융기관들에게 서브프라임 모기지는 '황금알을 낳는 거위'로 여겨졌던 것이다.

'산이 높으면 계곡이 깊다'는 주식격언처럼 부풀어 오를 대로 오른 서브프라임 거품은 자신의 몸무게를 감당하지 못하고 결국은 고꾸라지게 된다. 시중금리가 상승하면서 모기지 대출 금리도 덩달아 오르기 시작했고, 미국의 주택 가격은 꼭짓점을 찍고 아래로 방향을 전환했기 때문이다.

늘어나는 신용불량자

미국 주택저당협회MBA에 따르면 지난 2006년 미국 전체 모기지 시장의 연체율은 3·4분기의 4.67%에서 4·4분기 4.95%로 올라서며 3년 6개월 이래 최고를 나타냈다. 특히 서브프라임 모기지 연체율은

12.56%에서 13.33%로 가파르게 오르며 2002년 3·4분기 이후 최고를 갈아치웠다.

그리고 같은 기간 전체 모기지의 신규 유질처분^{Foreclosure} 비율은 0.54%로 사상 최고를 기록했고, 서브프라임 모기지의 경우에도 같은 기간 동안 1.8%에서 2.0%로 상승했다.

가계 대출자가 대출금을 갚을 능력이 없어 은행들이 임의로 주택을 처분할 수 있는 '유질처분'이 2.0%에 달했다는 것은 가계 대출자들의 원리금 상환이 그만큼 힘들었다는 것을 보여준다.

특히 저금리 정책을 고수했던 연방준비제도이사회^{FRB}가 부동산시장 거품을 인지하고 2004년 6월부터 부랴부랴 금리인상에 나서면서 서브프라임 부실은 정체를 드러내게 되었다. 은행에서 주택담보대출을 받아 집을 구입했는데 집값은 하염없이 떨어지는 반면 대출 금리는 천정부지로 치솟으면서 원리금을 상환하지 못해 집을 차압당하는 가계들이 속출했다.

2004년 초 3.5%를 밑돌았던 1년 만기 모기지 변동금리는 2006년 말 6.0%에 근접했다. 2년도 지나지 않아 대출 금리 부담이 2배가량 급증한 셈이다. 이전까지만 하더라도 대출만기가 돌아오면 다시 대출을 받아 대출연장에 나섰지만 대출 금리가 크게 오르면서 오히려 원리금 상환부담만 가중될 뿐이었다.

가계 대출자들이 파산을 신청하고 신용불량자로 전락했으며, 은행들은 부실대출로 적자만 쌓여 갔다. 대출에 나섰던 은행도, 대출을 받아 주택투기에 몰입했던 가계도 모두 피해자가 되고 말았다.

그럼 서브프라임 부실이 어떻게 은행들의 동반부실과 파산을 초래하게 되었을까? 어떠한 구조와 메커니즘을 통해 주택분야 부실이 세계 금융시장을 지배했던 월가 은행들의 동반 추락을 야기한 것일까?

뱅크오브아메리카^{BoA} 분석자료(2007년)에 따르면 서브프라임 등 비우량 대출을 기본자산으로 한 1차 증권화상품, 즉 주택저당증권^{MBS}, 부채담보부증권^{CBO}과 같은 파생상품 규모는 1조5,000억 달러에 달한다. 또 1차 증권화상품을 기본자산으로 추가로 발행된 2차 증권화상품도 4억9,000만 달러에 이른다. 이것만 계산해도 총 2조 달러 규모의 파생상품이 서브프라임 모기지와 직·간접적인 연관을 맺고 있다.

우리나라의 국내총생산^{GDP}이 1조 달러에 미치지 못하고 있는 점을 감안하면 서브프라임으로 파생된 금융상품 규모는 한국 GDP의 2배를 넘어서는 그야말로 천문학적인 금액이다.

금융부실의 도미노 현상

가계대출자들이 빚을 갚지 못하면 가계에 직접 대출을 해준 모기지 은행들의 경영이 부실해진다. 100개 이상의 모기지은행들이 문을 닫았다. 모기지은행이 문을 닫으면 모기지은행이 발행한 파생상품을 매입한 월가의 투자은행과 상업은행의 경영도 덩달아 부실해진다. 또 경쟁적으로 서브프라임과 관련된 파생상품을 매입했던 보험사와 저축은행, 헤지펀드들도 경영부실을 피해갈 수 없다. 고구마 줄기가 얽히고 설키듯 서브프라임 대출은 복잡한 유통구조를 통해 연결되어 있었기 때문에 파장이 확대될 수밖에 없었던 것이다.

하나의 막대기가 쓰러지면 옆에 있는 막대기가 쓰러지고 결국은 모든 막대기가 힘없이 무너지는 것처럼 서브프라임 사태로 가계 대출자에서부터 모기지 은행, 투자은행, 상업은행, 보험, 헤지펀드 등 금융기관들이 모두 쓰러졌던 것이다. 탐욕과 욕망으로 점철됐던 서브프라임 대출이 골디락스 경제를 이끈 것이 아니라 사실은 거품붕괴의 신호탄이었던 셈이다.

하지만 앨런 그린스펀 FRB 의장과 미국 금융당국은 이 같은 재앙의 불씨를 제대로 간파하지 못했고 대응준비도 게을리 했다. 그들은 미국 경제는 튼튼하다며 자만했다. 미국경제는 견고한 성장을 이어가고 있고, 물가상승^{인플레이션} 압력도 상당히 잘 제어되고 있다고 자신했다. 서브프라임 관련 부실이 있는 것은 사실이지만 미국경제는 충분히 이를 흡수할 수 있는 능력을 갖고 있고, 그 충격은 제한적일 것이라고 큰소리를 쳤다.

미국 드럭셀대의 금융 분야 교수인 조지프 메이슨과 그래험 피셔 회사의 조슈아 로스너 분석가가 논문을 통해 '금융시장이 각종 비^非 전통적 모기지 대출 혹은 이에 기반을 둔 복잡한 모기지 담보부 파생상품의 채무불이행 위험을 제대로 반영하지 못하고 있다' 고 경고했지만,

미국 금융당국은 콧방귀만 뀔 뿐이었다.

결국 서브프라임 사태 이후 2년도 채 지나지 않아 역사는 독이 든 파생상품의 위험성을 알아채지 못한 미국 금융당국의 안일한 대처가 얼마나 큰 상처를 세계 금융시장에 안겨다 주었는지 적나라하게 보여주고 있다.

06. 규제철폐의 대참사

　미국식 자본주의를 탄생시키며 글로벌 금융시장을 200년 이상 장악해 온 월가 은행들이 몰락한 근본적인 원인은 어디에 있을까?

　탐욕의 화신이 돼 무리하게 파생상품을 개발하고 판매한 은행들의 내부에서도 문제점을 찾을 수 있겠지만 미국 정부가 섣불리 금융규제를 철폐한 것도 지적되어야 한다.

　금융시장은 돈이 오가는 시장이다. 금융시장 참가자들 중에서 돈을 잃기 원하는 사람이나 기관은 아무도 없다. 모두 일확천금의 꿈을 안고 금융시장 도박판에 뛰어든다. 금융시장은 제로섬$^{Zero\ Sum}$게임이 지배하는 공간이다. 누가 돈을 딴다면 다른 누군가는 돈을 잃게 되어 있다.

　일반적으로 주식시장에서 개인투자자^{개미}들이 돈을 잃는 이면에는 투자노하우와 정보력이 앞선 기관 투자자나 외국인들이 돈을 따기 때문이다. 한 곳이 이익을 내면 반드시 다른 상대방은 돈을 잃게 된다.

돈을 따기 위해 금융시장에 참여하는 사람들은 속성상 더 많은 돈을 따기를 희망한다. 그래서 시장가격을 조작하기도 하고, 내부정보를 이용해 주식투자를 하기도 하고, 거짓정보를 유포시켜 시장을 왜곡시킨다. 결국 금융시장은 욕심과 탐욕이 지배하는 공간이다.

금융시장이 원활하게 작동하고 순기능을 발휘할 수 있도록 해야 하는 정부의 역할이 그래서 중요하다. 정부가 금융시장을 옥죄고 지배하고 통제해서는 안 되겠지만 수수방관해서도 안 되는 이유가 여기에 있다. 금지된 선을 넘을 때에는 따끔하게 회초리를 들어야 한다.

그럼 미국 정책당국은 어떠한 실수를 한 것일까? 어떠한 정부정책의 실패로 미국 은행들이 파산하고 팔려 나가는 파국을 초래하게 된 것일까?

글래스-스티걸법의 탄생

미국경제는 1929년 대공황을 겪는다. 미국 역사상 가장 큰 시장실패를 경험한다. 10월 24일 하루에만 뉴욕증권거래소^{NYSE} 시가총액이 11% 이상 줄어들었고 며칠 동안 사자주문은 없이 팔자주문만 쇄도했다. 결국 사흘도 지나지 않아 다우지수는 시가총액의 33% 이상을 허공

에다 날려버리고 말았다.

　문제는 은행이었다. 고객들로부터 예금을 받아 대출을 해왔던 상업은행들이 고객들의 돈을 주식에 투자하면서 막대한 손실을 입었다. 주가가 폭락할 때마다 은행들의 경영부실은 더욱 심화되었으며 파산신청을 하는 금융기관들이 속출했다.

　2만5,000개에 달했던 상업은행 수는 5년 뒤 1만4,000개로 크게 줄었다. 전체 은행의 33% 가량이 문을 닫고 종적을 감춘 셈이다. 대공황으로 인해 근로자 4명 중 1명이 일자리를 잃고 길거리로 내몰렸으며, 미국경제의 30%가 사실상 붕괴되고 말았다.

　미국 정부와 의회는 부리나케 대책마련에 나섰다. 금융시장을 이대로 방치했다가는 더 큰 파국을 초래할지 모른다는 불안감이 엄습했다. 미국의 루스벨트 대통령은 어떠한 형태로든 대책을 강구하고 해결방안을 제시해야만 했다. 주식투자의 투명성과 건전성을 높이기 위해 증권거래위원회^{SEC}를 설립하고, 증권거래법을 제정한 것도 1930년대 중반의 일이다.

　다음으로 미국 행정부와 의회는 '천하의 무법자'가 되어버린 월가 은행들에게 메스를 들이대기 시작했다. 미국 국민들 사이에는 거대한 공룡으로 변질된 상업은행들이 무리하게 주식투자에 나서면서 대공황의 단초를 제공했다는 비난이 들끓었던 시절이었다.

　오늘날 투자은행^{IB}과 보험사들이 '금융공학'이라는 그럴듯한 미명 아래 파생상품 투자에 나서면서 서브프라임 모기지 부실과 글로벌 금융위기를 자초한 것과 흡사하다. 여기저기서 금융개혁에 대한 목소리가 거세지고 사회 전반적으로 공감대가 형성되면서 미 의회가 총대를 멨다.

이 같은 시대상황과 분위기를 반영해 탄생한 것이 '글래스–스티걸법'이다. 민주당의 카터 글래스^{Carter Glass} 상원의원과 헨리 스티걸^{Henry B. Steagall} 하원이 공동으로 발의해 법안을 만들었다.

이들은 상업은행이 주식투자에 나서며 투자손실이 눈덩이처럼 불어난 것에 주목했다. 상업은행의 경영부실이 실물경제에 악영향을 미친 것이 결국 대공황을 초래한 원인이라고 판단했다.

그들은 무엇보다 상업은행의 예금자를 먼저 보호해야 한다고 주장했으며, 그러기 위해서는 상업은행의 주식투자를 금지해야 한다고 목청을 높였다. 즉 상업은행과 투자은행 간에 방화벽을 설치해 상업은행이 주식투자를 못하도록 하는 것이 기본 내용이었다. 상업은행은 예금과 대출업무를 중심으로 하고, 주식투자는 투자은행들이 한다는 것이 골자였다.

월가 은행들이 의회 의원들을 대상으로 끈질기게 로비에 나서는 등 거세게 반대했지만 월가 은행들의 탐욕에 신물이 난 국민들은 의회의 손을 들어주었다. 결국 1933년 상업은행의 주식투자를 전면 금지하는 '글래스–스티걸법'이 탄생하게 된다.

글래스–스티걸법을 필두로 미국 정부의 금융시장 규제강화를 지지하는 법안들이 잇따라 쏟아져 나왔다. 고삐 풀린 망아지에게는 일정 수준의 재갈을 물려야 한다는 논리가 호응을 얻었기 때문이다. 이로 인해 당시 월스트리트의 황제로 군림하고 있었던 JP모건은 제 살을 깎아내는 아픔을 무릅쓰고 모건스탠리를 분리해야만 했다. 모건스탠리는 황금알을 가져다주는 세계 최고의 투자은행[IB]이었기 때문이었다. 결국 JP모건은 상업은행, 모건스탠리는 투자은행으로 각각 정해진 운명의 길을 가게 되었다.

월가 로비에 무너진 글래스-스티걸법

국민들의 지지를 기반으로 미국의회가 '글래스-스티걸법'을 만들어 상업은행의 투자업무 진출을 차단함에 따라 상업은행들은 막다른 골목길로 내몰리게 되었다. 상업은행 입장으로서는 사실상 손과 발이 잘린 것과 진배없었다. 상업은행이 수세에 몰린 틈을 이용해 연기금, 뮤추얼펀드 등 기관 투자자들이 빠르게 성장했다. 전체 금융 산업 중 은행비중은 1970년 35%에서 1999년 20%로 크게 감소했지만 연기금과 뮤추얼펀드 비중은 이 기간 동안 20%에서 50%로 껑충 뛰어올랐다. 1933년 제정된 '글래스-스티걸법'의 영향으로 시간이 갈수록 미국 은행들의 입지는 좁아지기만 했다.

JP모건, 시티그룹 등 상업은행들은 기회 있을 때마다 '글래스-스티걸법'이 변화된 금융시장 환경을 반영하지 못하고 있다며 법안폐지를 강력하게 주장했다. 워싱턴의 의원들을 회유하기 위해 수억 달러의 로비자금이 사용되었다.

몸을 바짝 낮추고 있었던 상업은행들에게 천재일우의 기회가 찾아왔다. 클린턴 행정부 시절 월스트리트 출신의 로버트 루빈Robert Rubbin이 재무장관으로 임명되면서 월가의 입장을 반영하는 금융정책들이 수립되기 시작했다. 상업은행들에게 있어 로버트 루빈은 선물꾸러미를 가져다주는 '산타클로스'와 같은 존재로 여겨졌다.

또 당시 영부인이었던 힐러리 클린턴이 뉴욕 주 상원의원으로 출마하면서 월스트리트와의 관계를 개선하고 선거자금을 비롯한 전폭적인 지원과 지지를 얻어낼 필요가 있었다.

이후 클린턴 행정부는 기존의 금융 산업 규제 일변도에서 벗어나 금융규제 완화 입장을 보이며 '월가 포옹하기'에 나선다. 금융 산업 경쟁력을 명분으로 내세운 클린턴 행정부와 상업은행의 로비력이 맞물리면서 결국 1999년 '글래스-스티걸법'은 운명을 다하고 역사 속으로 사라지게 된다. 66년 만에 규제 법안이 운명을 다하게 된 것이다.

그리고 그 해 10월 상업은행의 주식투자를 허용하는 것을 주요 내용으로 하는 금융개혁 법안이 미국 상하원에서 6시간 동안의 마라톤협상을 거쳐 압도적인 표차로 통과되었다.

새로운 법안은 '금융서비스현대화법' 또는 입안한 의원들의 이름을 따서 '그램-리치-브라이리법Gramm-Leach-Bliley Act'이라고 불렸다.

미국 정부의 판단착오

클린턴 행정부의 금융 산업 규제완화에 반대했던 사람들은 이 법안을 맹렬히 비난했다. 어떤 사람들은 시티그룹 탄생을 사후적으로 합리화하는 길을 열어주었다는 의미에서 '시티그룹 승인법'이라고 비꼬기도 했다.

어쨌든 금융 산업 규제를 강화했던 '글래스-스티걸법'이 '그램-리치-브라이리법'으로 대체됨에 따라 상업은행들은 신바람이 났다. 새로운 법안은 상업은행이 투자업무 등 비 은행 업무를 겸할 수 있도록 했고, 투자은행과 보험사들이 은행 업무를 할 수 있도록 했다. 금융 산업 업종 간 장벽을 완전히 제거했다.

이후 미국 은행들은 기업 인수합병$^{M\&A}$을 통해 거대한 공룡으로 변하게 된다. 상업은행 간 결합, 상업은행과 투자은행 간 결합, 투자은행 간 결합 등 업종을 넘나들면서 인수합병 작업을 통해 몸집을 키우게 된다.

상업은행은 주식투자 업무에 손을 대기 시작했고, 투자은행들은 보다 공격적으로 파생상품 투자에 나서게 된다. 원금의 몇 십 배, 몇 백 배를 투자할 수 있는 파생상품을 만들어내 레버리지 효과와 신용창출 효과를 극대화한다.

미국 은행들은 대마불사^{大馬不死}의 신화에 빠져 있었다. 거대할 대로 거대해진 그들을 어느 누구도 상대할 수 없을 것이라고 자만했다.

하지만 몰락의 씨앗은 내부로부터 왔다. 그들의 탐욕과 욕심이 서브프라임 모기지 부실을 초래했고, 결국 2008년의 글로벌 금융위기를 야기했다. 미국 은행들은 내부의 적, 궁극적으로는 탐욕과 자만심에 무너지고 말았다. 미국 은행들의 탐욕과 자만심을 방조한 것은 물론 미국 정부다.

금융 산업에는 탐욕과 거품이 상존한다는 것을 인식하고 일정 수준의 금융규제를 가해야 하는데 미국 정부는 이를 소홀히 했다. 미국식 자본주의는 결코 실패하지 않는다는 자가당착이 2008년 글로벌 금융위기와 신용경색을 초래한 주범인 셈이다.

07. 팍스 달러리움의 역사

　　고대 로마가 세계를 안정적으로 지배했던 시기를 '팍스 로마나^{Pax} ^{Romana}' 라고 부르는 것처럼 20세기 이후 세계 경제를 지배하고 있는 미국 달러 체제를 '팍스 달러리움^{Pax Dollarium}' 이라고 일컫는다.

　　현재 전 세계의 화폐 중에서, 아니 역사를 통틀어 미국 달러만큼 많은 국가에서 통용되고 영향력을 행사하는 화폐는 없었다. 물론 금金이라는 광물을 제외하고 말이다.

　　중국, 일본 등 아시아 국가들은 물론 중동의 오일국가들도 미국 달러를 보유하기 위해 미국이 국채를 발행할 때마다 달러를 사들인다. 미국경제가 재정적자와 경상적자, 즉 쌍둥이적자에 시달리고 있고 갈수록 달러의 화폐가치가 떨어지고 있지만 여전히 '달러쇼핑' 에 나선다. '팍스 달러리움'은 지금, 세계 어디에서나 진행되고 있다.

그럼 미국은 어떻게 '팍스 달러리움'을 실현할 수 있었을까? 과연 팍스 달러리움은 계속 진행될 것인가?

앞으로는 팍스 달러리움이 가능했던 역사적인 배경을 살펴보고, 시간이 경과할수록 팍스 달러리움 신화는 붕괴되고 말 것이라는 '달러 종말론'에 대해 알아볼 것이다.

고전적 금본위제도

역사를 통틀어 금金은 중요한 화폐수단이었다. 금은 휴대하기 쉬워 물건 값을 지불하는 좋은 도구였으며 그 자체만으로도 가치를 저장하고 있었다. 1차 세계대전이 발발하기 이전까지 전 세계 무역 국가들의 통화는 일정량의 금에 대해 고정되어 있었다. 모든 국가들의 통화는 금을 기준으로 가격이 매겨졌다. 세계 화폐의 중심은 '금'이었던 것이다. 이를 '금본위金本位 체제'라고 한다.

상업은행은 고객들에게 금을 받았고 이를 재원으로 대출을 했다. 전세계 시민들은 금을 화폐처럼 사용했고 은행거래도 금으로 했다. 고객들이 돈을 인출할 때에는 은행은 금을 내주어야 했다.

그래서 은행들은 예금 받은 금의 양을 초과하는 금을 대출해 줄 수가 없었다. 일시에 자금상환 요구가 있을 경우 보유하고 있는 금이 부족해 고객들의 자금상환 요구를 소화할 수 없었기 때문이다.

금본위제도 아래에서는 예산적자 혹은 무역적자 국가가 대규모 화폐발행을 단행하는 것이 사실상 불가능했다. 예산적자 및 무역적자를 기록하면 이들 국가가 보유하고 있던 금은 자연스럽게 유출된다. 금이 다른 국가로 유출되면 적자국가의 이자율은 상승하고 경기침체는 가속화된다. 이처럼 적자지출의 문제점과 폐단을 잘 알고 있기 때문에 적자국가는 예산이나 무역수지 균형을 맞추기 위해 노력한다.

현재 예산적자와 무역적자를 함께 겪고 있는 미국은 달러라는 명목화폐를 마구 찍어내며 빚을 상환하고 있지만 금본위제도 아래에서는 이것이 불가능하다. 금은 달러처럼 마구 찍어낼 수 있는 것이 아니라 견실한 예산운용과 무역을 통해 미리 쌓아놓아야만 하기 때문이다. 금본위제도가 유지되었다면 미국은 빚을 갚지 못하는 신용불량 국가로 낙인찍혀 벌써 파산하고도 남았을 국가이다.

브레튼우즈 체제로의 전환

금본위 체제로 유지되어 오던 세계 통화질서는 1944년 일대 변혁을 맞는다. 근대 역사상 처음으로 세계 각국 간의 통화정책을 조정하기 위해 국제협약이 맺어졌다.

미국을 포함한 전 세계 44개국의 대표 730명이 미국 뉴햄프셔 주의 브레튼우즈에 있는 호텔에 모여 3주간의 회의를 진행했다. 이 국제회의를 통해 새로운 통화질서가 마련되는데 이를 '브레튼우즈 체제'라고 부른다.

브레튼우즈 협약은 제2차 세계대전 이후 전쟁으로 황폐화된 국가들을 재정적으로 지원하기 위해 차관을 제공하는 데 목적이 있었다. 이를 위해 국제통화기금IMF과 국제부흥개발은행IBRD이 새로 설립되었다.

하지만 세계 통화시스템에서 브레튼우즈 체제가 의미를 갖는 것은 기존 금본위제도에 변화가 생겼다는 점이다. 즉, 미국 달러는 금 1온스당 35달러로 고정되었고 모든 다른 주요 통화들은 고정 환율로 달러에 고정되었다. 브레튼우즈 협약에 동의한 국가들은 금을 기준으로 소폭의 변동을 인정하는 범위 내에서 자국 통화의 가치를 유지하기로 약속한 것이다.

미국은 당시 세계 금 보유고의 80%를 소유하고 있었다. 미국은 해외 국가들이 달러를 가지고 와서 금으로 교환해 달라고 요구해도 충분히 이를 소화할 수 있을 것으로 자신했다. 그리고 해외 국가들은 미국의 지급능력을 의심하지 않았다. 이처럼 서로 간의 이해관계가 맞물리면서 브레튼우즈 시스템은 작동하게 되었다.

세계 각국이 일종의 고정환율제도인 브레튼우즈 체제를 탄생시킨 것은 특정 국가들이 무역이익을 증대하기 위해 자국의 통화가치를 낮추었던 문제를 해결하기 위해서였다. 1930년대의 경우 세계 각국은 자국의 통화가치를 낮춰 무역이익을 증대시키려는 노력을 기울였는데 이는 결국 국제무역 불균형을 초래하는 부작용을 낳았다.

하지만 브레튼우즈 체제는 1960년대 후반에 접어들면서 존재이유를 상실한다. 베트남 전쟁에 발목이 잡힌 미국은 천문학적인 군비를 지출하며 재정지출이 악화되고 있었다. 전쟁을 치르기 위해서는 돈이 필요했기 때문에 달러 국채를 찍어내 자금을 조달했다.

미국 달러와 국채를 보유하고 있었던 다른 국가들은 달러와 미국 국채를 들고 은행을 찾아가 금과 교환해 줄 것을 요구했다. 처음에는 금과 교환하는 달러가 소규모였기 때문에 별문제가 되지 않았지만 시간이 지날수록 금과 교환하는 달러의 양이 많아졌다. 미국의 달러가치에 불신을 가지고 있었던 다른 국가들은 달러를 금과 교환하기 시작했으며 시간이 지날수록 이러한 현상은 더욱 심화되었다.

미국 정부의 금 보관소에서 금이 빠져나가기 시작했다. 1957년의 경우 전 세계 외국 중앙은행들이 보유하고 있었던 전체 달러의 3배가 넘는 금을 미국은 보유하고 있었다. 하지만 달러와 금의 교환을 요구하는 외국 정부의 움직임이 본격화되면서 미국 연방정부의 금 보관소는 점점 바닥을 드러내 보이고 있었다.

외국 정부가 보유하고 있는 달러를 금과 교환해줄 것을 요구해도 미국 정부는 금이 부족해 이에 응하지 못하는 사태가 나타날 처지에 놓이게 되었다.

결국 1971년 8월 미국 닉슨 대통령은 달러를 금과 교환하는 것을 정지시켰다. 외국 정부가 달러를 금으로 교환해줄 것을 요구해도 미국 정부는 이에 응하지 않겠다는 것을 천명했다.

미국 정부가 막대한 부채와 재정적자를 감당할 능력이 없었기 때문에 내린 치욕스러운 결정이었다. 미국의 금 보유고는 1971년까지 계속 줄어만 갔고 이 무렵 미국의 금 보유고는 외화 보유고의 22%에 불과했다.

"우리에게는 돈金이 없습니다. 베트남 전쟁을 치르고 무리하게 국채를 발행하다 보니 우리는 알거지가 되고 말았지요. 여러분들이 달러를 갖고 와서 우리에게 금과 교환해 달라고 애걸복걸을 해도 우리는 금을 내줄 수가 없답니다. 왜냐고요? 우리에게는 금이 없기 때문이지요. 미국 달러와 국채는 그냥 그대로 가지고 계세요. 기약할 수는 없지만 언젠가는 빚을 갚을게요."

미국 정부의 메시지는 대략 이러한 것이었다. 이것이 세계 통화 체제에서 유명한 1971년의 '금본위제 폐지'이다.

달러본위시대의 탄생

닉슨 대통령의 금본위제 폐지로 1944년부터 시작된 브레튼우즈 체제도 27년 만에 막을 내리게 된다. 달러본위시대가 도래한 것이다.

1971년 금본위제도가 폐지되면서 미국 달러가 세계 통화를 지배하는 화폐가 되었다. 미국 경제패권이 세계를 지배하면서 달러는 자연스럽게 글로벌 금융거래와 국제무역의 핵심통화, 즉 기축통화가 되었다.

하지만 미국경제의 쇠퇴는 이때부터 모습을 드러내기 시작했으며 시간이 지날수록 쇠퇴는 가속화되었다. 금을 제치고 세계 제일의 통화가 되었다는 뿌듯함도 잠시, 이후 미국경제는 빚과 부채의 늪에 빠지게 된다.

오늘날 미국의 예산적자와 경상적자가 국내총생산^{GDP}의 10%에 육박하는 등 '부채 국가'로 전락한 것은 결코 우연이 아니다. 달러본위시대가 만들어낸 결과물인 것이다.

'우리가 세계 최고'라는 팍스 달러리움의 기쁨에 만취해 있을 때 달러가치 하락이라는 독이 숨어 있었다. 미국 국민들이 마신 술은 향기로운 포도주가 아니라 독을 품은 독주였다. 19세기 세계무역을 지배했던 대영^{大英}제국이 힘을 잃었던 것처럼 20세기 세계 통화 체제를 지배했던 미국 달러의 시대가 점점 황혼기에 접어들고 있다. 팍스 달러리움의 영광스러웠던 시대는 점점 종착역을 향해 가쁜 숨을 몰아쉬고 있는 것이다.

08. 달러의 종말

1971년 미국 닉슨 대통령이 금본위제를 폐지하고 '달러본위시대'를 선언함에 따라 세계 통화질서에 일대 변화가 초래되었다.

이전까지만 하더라도 금金을 중심으로 세계 각국의 통화가치가 고정되는 고정 환율 제도를 채택했지만 1971년 고정 환율 제도는 사라지게 된다. 대신 달러와 각국의 통화가치가 자유롭게 변화하는 변동 환율 제도가 자리를 잡게 된다.

이제 미국 달러는 금을 대신해 세계 통화의 핵심인 기축통화가 된다. 이전에도 달러가 세계 통화의 주도적인 역할을 했지만 1971년을 기점으로 달러는 국제통화 시스템을 지배하는 핵심요소가 된다. 바야흐로 팍스 달러리움이 본 궤도에 오르는 순간이었다.

미국 스스로 판 무덤

하지만 금본위제 폐지로 대표되는 달러본위제도는 미국경제패권이 스스로 무너지는 요인으로 작용하게 된다. 19세기 영국에 이어 20세기 세계 경제의 패권국가로 등장한 미국은 달러본위제도로 인해 제국의 위상과 권위가 붕괴되는 내부모순을 안게 된다. 팍스 달러리움 시대가 황혼을 맞이하면서 달러가치가 지속적으로 하락하는 달러 몰락의 시대로 점점 다가가고 있는 것이다.

달러가치가 왜 떨어지고 있는지, 달러가 왜 몰락할 수밖에 없는 처지에 놓이게 되었는지 살펴보자.

고전적인 금본위제도와 1944년부터 만들어진 브레튼우즈 체제 아래에서 미국은 연방재정의 적자여부에 관심을 쏟지 않을 수 없었다. 미국이 무역적자를 기록하거나 예산적자를 나타낼 때에는 국채를 발행해 자금을 조달했다. 하지만 다른 국가들이 달러를 금으로 교환해 줄 것을 요구할 수 있었기 때문에 항상 일정 수준의 금을 보유하고 있어야만 했다. 무리하게 적자재정을 운용하거나 무역수지 적자규모가 커질 경우에는 미국 정부의 금 보관소에 있는 금이 바닥날 위험이 도사리고 있었다.

다른 국가들이 달러를 금으로 교환해줄 것을 요구했는데도 미국 정부가 이를 수용할 수 없을 만큼 금을 보유하고 있지 않다면 미국은 '지불능력 없음', 즉 파산을 선언해야 하는 것이다.

1971년 닉슨대통령이 금본위제 폐지를 선언하기 이전까지만 하더라도 미국은 일정 수준의 금을 보유하며 최대한 예산적자와 무역적자를 줄이기 위해 애를 썼다. 즉 미국의 예산적자와 재정적자가 확대되지 않도록 나름대로의 제어 시스템을 갖추고 있었던 셈이다.

FRB는 달러 찍어내는 기계

하지만 1971년 달러본위시대가 도래하면서 상황은 180도 변하게 된다. 미국은 예산적자, 무역적자가 발생하더라도 대수롭지 않게 생각했다. 다른 국가들이 미국에 대해 부채를 상환할 것을 요구하면 미국은 달러지폐를 찍어 빚을 갚았다. 미국경제가 세계 경제를 지배하고 있는 만큼 달러는 '가치불변의 통화'로 여겨졌다. 미국 정부가 부채를 상환하기 위해 국채^{TB}를 찍어내면 다른 국가들은 미국 국채를 받았다. 달러가 글로벌 경제의 기축통화가 되었는데, 누가 미국 국채를 거부하겠는가? 모든 국가들은 달러야말로 세계에서 가장 안전한 통화라고 인식했다.

세계 각국은 미국의 달러지배 체제에 길들여지고 있었던 것이다. 미국과 세계 각국의 무역 및 교역과정을 예로 들어보자.

중국 등 신흥국가들은 공산품을 미국에 수출한다. 중동의 오일국가들은 원유를 미국에 공급한다. 미국은 부채가 산더미처럼 쌓여 있는 상태에서 이들 수출국가에 국채를 발행해 수입대금을 지불한다. 미국의 재정적자와 예산적자가 미국경제를 위태롭게 할 정도로 눈덩이처럼 축적되고 있지만 신흥국가와 오일국가들은 상품 및 원유수출을 계속한다.

매년 미국의 재정적자와 무역적자가 악화되는 것은 결코 우연이 아니다. 미국은 간단하게 달러만 찍어내면 수입대금을 갚을 수 있기 때문에 예산적자나 무역적자가 불어나도 대수롭지 않게 생각한다.

그럼 신흥국가와 중동국가들은 부채국가로 전락한 미국에 왜 지속적으로 제품을 수출하는 것일까?

미국이 세계에서 제일 큰 소비시장이기 때문이다. 미국 소비자들이 지갑을 닫으면 수출 국가들의 경제성장률이 뚝 떨어진다. 미국경제에서 소비가 차지하는 비중은 70%에 육박한다. 미국 소비자들은 신흥국가나 중동국가들에게 있어 '봉'인 셈이다. 또 현재까지는 미국 달러가 여전히 세계에서 가장 신용도가 높은 명목화폐이기 때문에 아무런 의심 없이 미국 정부가 발행하는 국채를 수출대금으로 받는다.

미국과 다른 국가들의 이해관계가 지금까지는 잘 맞아떨어지고 있다. 신흥국가와 오일국가들은 미국에 상품을 수출함으로써 자신들의 협소한 내수시장을 커버할 수 있다. 제조업 기반이 무너지고 있는 미국은 신흥국가들의 저가상품을 사들여 미국 소비자들에게 공급한다. 그리고 국채를 발행해 신흥국가와 중동국가들에게 수입대금으로 지급한다. 미국 국채를 보유하고 있는 신흥국가와 중동국가들은 다시 미국에 공산품과 원유를 수출하고 미국 국채를 또 받는다.

달러 추락은 필연

1971년 이후 글로벌 경제는 미국과 다른 국가들 간의 이 같은 무역 구조, 교역시스템 아래에서 작동했고, 지금도 작동하고 있다. 아니 달러가치에 이상신호가 나타나기 전까지는 상당기간 동안 이 같은 시스템이 유지될 것이다.

하지만 점점 세계 경제에 달러가 골칫거리가 되고 있다. 글로벌 경제의 기축통화인 달러가 시간이 지나면서 '미운 오리 새끼'로 전락할 위험을 증폭시키고 있다. 일부 국제경제 분석가들은 '달러의 종말Demise of Dollar'은 시간 문제일 뿐, 필연적으로 세계 경제를 혼란의 늪으로 빠뜨릴 것이라고 장담하고 있다. 세계 경제에 유통되는 달러의 절대적인 양이 폭증하고 있는 것이다.

1971년 미국의 일방적인 조치에 의해 브레튼우즈 체제가 붕괴된 이후 30년 동안 미국에서는 3조 달러 이상의 누적적인 경상수지 적자가 발생했다. 미 연방준비제도이사회FRB가 명목화폐인 달러만 찍어내면 얼마든지 신흥국가의 공산품과 중동국가의 오일을 수입할 수 있었기 때문에 경상수지는 줄어들기는커녕 확대되기만 했다.

미국은 소비중독에 걸린 자국민을 만족시키기 위해서는 다른 국가들로부터 공산품과 원유를 수입해야 했다. 대신 달러를 찍고, 또 찍고, 다시 찍고 하는 식으로 빚을 갚아나가고 있다. 미국이 사상 최대의 경상적자를 기록하고 있는 것은 그리 놀라운 일이 아니다. 지극히 당연한 일이다.

이처럼 세계에 풀려나간 달러와 미국 국채는 글로벌 유동성을 확대시킨다. 달러가 전 세계에 지천으로 깔리다 보면 달러가치는 자연스럽게 떨어진다. 희소성이 높아야 보유가치가 높은 것이지, 희소성이 낮아지면 보유가치는 땅에 떨어지고 만다.

세계 경제의 기축통화인 달러의 가치가 떨어지고 있다. 미국경제에 이상신호가 나타나고 있음을 보여주는 방증인 동시에 과다한 국채발행으로 달러공급이 폭증하고 있다는 것을 나타낸다.

지난 2002년 2월 1달러당 일본 엔화가치는 134엔을 기록했지만 이후 달러가치는 속절없이 떨어지고 있다. 특히 2007년 이후 미국의 서브프라임 모기지 부실에 따른 글로벌 금융위기가 확산되면서 달러가치 하락은 가속도를 내고 있다. 2008년 10월 달러가치는 1달러당 101엔까지 떨어졌다. 달러가치 하락은 '현재진행형'이다. 아니 '미래진행형'이 될 것이다.

미국이 소비를 줄이지 않는다면, 저축을 늘리지 않는다면, 과도한 국채발행을 중단하지 않는다면, 예산적자를 줄이지 않는다면 달러가치 하락은 대세로 굳어질 것이다. 아니, 달러의 종말은 점점 현실로 다가올 것이다.

I·N·T·E·R·V·I·E·W

글로벌 경제전문가와의 대화

Mark Faber
마크 파버 투자전략가

Robert Shiller
로버트 실러 예일대 교수

Nouriel Roubini
누리엘 루비니 뉴욕대 교수

Jim Rogers
짐 로저스 로저홀딩스 CEO

Robert Mundell
로버트 먼델 컬럼비아대 교수

Robert Shiller

Profile

1967년 미시간대 학사, 1972년 매사추세츠공과대학(MIT) 경제학박사를 취득했다. 1980년부터 현재까지 전미경제연구소(NBER) 회원으로 현재 미 예일대에서 경제학을 가르치고 있다. 또한 2005년 미국 경제학회(AEA) 부회장을 지냈다. 저서로는 『새로운 금융질서―21세기의 위험』(2003년) 『비이성적 과열』(2000년) 『매크로마켓―거대한 경제의 위험 관리를 위한 제도창출』(1993년) 『시장변동성』(1989년) 등 다수가 있다.

지난 2007년 초 미국 동부의 코네티컷 주에 있는 예일대를 찾아 로버트 실러 교수와 인터뷰를 가졌다. 실러 교수의 연구는 인간의 비#합리적인 판단과 행동이 주식, 주택 등 금융시장의 왜곡을 초래한다는 전제에 뿌리를 두고 있다. 수요와 공급의 원칙에 따라 인간들은 합리적으로 생각하기 때문에 시장은 균형을 찾아간다는 논리에 반기를 든다.

실러 교수는 지난 2000년 『비이성적 과열』이라는 책에서 현재 가치에 비해 과대평가된 뉴욕증시의 호황 뒤에는 거품이 끼어 있고 폭락의 위험성을 안고 있다고 경고했다. 이후 미국 주식시장은 인터넷 거품 붕괴로 무너져 실러 교수는 일약 국제금융시장의 스타로 떠올랐다. 스티븐 로치 모건스탠리수석연구원, 누리엘 루비니 뉴욕대 경제학 교수 등과 함께 미국과 세계 경제의 위험성을 경고하는 대표적인 비관론자 3인방으로 통한다.

미국 굴지의 경제신문인 월스트리트저널WSJ은 2005년 앨런 그린스펀 미 연방준비제도이사회FRB 의장, 워렌 버핏 버크셔해서웨이 회장, 글렌 하버드 컬럼비아대 경영대학원장 등과 함께 실러 교수를 세계 경제를 움직이는 인물 30인으로 선정하기도 했다. 2000년 미국 증시가 호황일 때 폭락 가능성을 경고했던 실러 교수는 일찌감치 미국 주택시장이 급락해 경기침체를 야기할 수 있다고 예견했었다. 글로벌 금융시장에 대한 실러 교수의 예리한 분석과 통찰력을 음미해보자.

멈추지 않는 집값 하락

질문 **지난 2006년까지 지구촌 주택시장이 급등했는데 원인은 어디에 있다고 보는가?**

로버트 실러 미국 주택시장은 2006년 사상 최고의 호황기를 맞았다. 지난 100년간의 주택 관련 자료를 분석해보니 이처럼 호황을 누린 적이 없었다. 2000년 이후 미국은 물론 한국을 포함한 아시아, 유럽 등 글로벌 주택시장의 붐은 전염병이 퍼져 나가듯 보편적인 현상이 됐다. 부동산시장 '불패'라는 맹목적인 믿음을 가진 일반 대중의 비#이성적 매수와 투기적 수요가 상승작용을 하면서 합리적인 가격설정은 기대하기 어려웠다. 특정 지역의 집값이 오르면 다른 지역 주민들의 부동산투자 심리를 자극해 전 지역의 주택 가격이 들썩이는 결과를 초래했다.

질문 **앞으로 미국 주택시장은 어떻게 움직일 것으로 보는가?**

로버트 실러 추가 하락할 가능성을 배제할 수 없다. 1980년대 호황을 누렸던 일본경제와 부동산시장이 1990년대 이후 급락하면서 나타난 '부동산 발發 경기침체'가 미국에서 재현되고 있다. 일본은 부동산 거품이 꺼지면서 지난 15년 동안 집값이 65%나 하락했다. 미국이 일본의 전철을 밟을 가능성이 있다. 경우에 따라서는 일본보다 더 혹독한 시련을 겪을 수도 있다.

질문 **주택 가격 하락 속도가 문제가 될 것으로 보는가?**

로버트 실러 통상 주택 가격은 급락하는 경향이 적다. 장기간에 걸쳐 조정이 나타나고 일정 시간이 지나면 대중은 '집값이 급락했구나' 하고 자각하게 된다. 대중의 분석력에는 한계가 있다. 가격이 하락해도 단기간에는 대수롭지 않게 여기고, 주택 가격 급락은 없을 것이라며 자기암시를 한다. 미국도 현재 주택 가격 하락이 진행 중이다. 이제 일정 시간이 지나면 대중은 주택 가격 버블이 어떻게 진행돼 왔는지 실감하게 될 것이다. 한국도 비슷한 전철을 밟을 것으로 본다. 한국도 지금 주택시장이 조정국면 초입에 들어섰는데 단기간에 주택 가격이 폭락하기보다는 장기간에 걸쳐 서서히 집값이 떨어지는 경로를 밟을 것이다.

질문 **주택시장 둔화가 미국경제 전반에 어떤 영향을 미치는가?**

로버트 실러 분명히 앞으로 수년간에 걸쳐 미국 주택시장은 지루한 조정을 받을 것이다. 일본도 1990년 부동산경기 정점 이후 경기침체를 경험하지 않았는가. 경우에 따라서는 경기침체를 피해갈 수 없을 것으로 보이며, 현시점에서 확실히 얘기할 수 있는 것은 성장률이 떨어질 것이라는 점이다.

질문 **달러가치가 힘을 잃고 있다. 달러화가 계속 떨어질 것으로 보는가?**
로버트 실러 달러의 방향성을 단정하기는 힘들지만 당분간 달러가치는 더욱 떨어질 것으로 본다. 사상 최고에 달한 무역적자를 줄이는 데는 상당히 오랜 시간이 걸릴 것이다.

질문 **글로벌 경제전망은 어떠한가?**
로버트 실러 글로벌 경제는 동시다발적인 주택경기 둔화를 경험하고 있다. 조정의 정도가 심할 경우 '글로벌 침체'를 배제할 수 없는 상황이다. 특정 시점을 미리 언급하는 것은 어렵지만 분명히 침체 가능성이 있다. 글로벌 경제 주체들은 미래의 특정 시점이 되면 주택 가격 하락을 실감하고 놀라게 될 것이다. 전 세계의 경제성장률은 떨어지고 소비자 구매력도 하락하면서 경기침체를 경험하게 되는 것이다. 1991년 주택 가격 하락과 소비둔화로 글로벌 침체가 나타났는데 이번에도 1991년과 같은 현상이 재연될 가능성이 크다.

신흥국가가 세계 경제 견인

질문 앞으로 세계 경제를 견인하는 동력은 어느 국가가 될 것으로 보는가?

로버트 실러 신흥국가들을 주목해야 한다. 중국과 인도는 가파른 속도로 성장을 이어왔고 앞으로도 이러한 추세는 계속될 것이다. 앞으로 50년간 신흥국가들의 발전 속도를 눈여겨봐야 한다. 한국도 예외가 아니다. 한국은 아주 매력적인 시장이고, 내가 만난 경제학 교수들과 국제금융 전문가들도 한국 경제에 대해서는 그리 염려하지 않는다. 한국은 브라질, 러시아, 인도, 중국 즉 브릭스BRICs보다 앞선다고 볼 수 있다.

질문 미국이 위안화 절상을 요구하며 중국을 압박하고 있다. 어떻게 생각하는가?

로버트 실러 미국의 대중국 무역적자가 사상 최고를 기록하는 등 양국 간 무역 불균형이 확대되고 있다. 미국의 위안화 절상 요구는 '합리적'이라고 생각한다. 통화도 상품과 마찬가지로 자유 시장경제 원리로 움직여야 한다. 하지만 위안화 평가 절상 여부와 속도에는 다분히 정치적인 역학관계가 작용할 것으로 본다.

질문 미 의회에서 보호무역을 외치는 목소리가 거세지고 있다. 어떻게 보는가?

로버트 실러 세계 각국은 자유무역을 지향한다. 선진국과 개발도상국이 공생할 수 있는 길은 보호무역이 아니라 자유무역을 통해 전체적인 파이^{명치}를 키우는 것이다. 미 의회의 입김으로 미국의 통상정책이 보호무역으로 흘러가는 것은 잘못된 것이다.

질문 세계 중앙은행들의 달러자산 다변화가 지속될 것으로 보는가?

로버트 실러 빠른 속도는 아니지만 서서히 진행될 것이다. 지금까지 미국이 세계 유동성을 흡수하는 블랙홀 역할을 했지만, 미국경제의 성장탄력 둔화로 세계 중앙은행들이 새로운 돌파구를 마련하는 등 자구책 마련에 나설 것으로 본다. 미국의 무역적자와 달러 약세를 우려한 세계 중앙은행들이 달러표시 자산을 줄이고 있다. 앞으로 글로벌 자금은 미국이 아니라 유럽연합^{EU}으로 몰릴 것으로 본다. EU 전체로는 여전히 상이한 경제모델과 정부 부채 등 문제점이 많지만 독일, 프랑스, 이탈리아 등 개별 국가들의 재정적자는 미국만큼 심각하지 않다. 결국 그 동안 안전자산 역할을 했던 미국 국채의 매력이 떨어지고 그 자리를 유로 표시 채권이 채우게 될 것이다. 경기회복 신호를 보이고 있는 일본 엔화도 대체투자 대상으로 떠오를 것으로 본다.

질문 미국 자동차 산업이 경쟁력을 잃고 있다. 무엇이 문제인가?

로버트 실러 100년의 역사를 가진 미국 자동차 산업이 일본과 한국에 위협당하고 있다. 여기에는 노조문제가 크게 작용한다. 그 동안 미국 자동차 노조는 전투적이고 강경일변도의 투쟁방식을 고수하면서 회사와 마찰을 빚었고 이는 경쟁력을 상실하는 가장 큰 요인이 됐다. 미국 자동차 회사들이 강성노조가 많은 북부지역을 떠나 남부지역으로 생산 공장을 이전하는 것은 이 같은 이유에서다. 지금은 노조도 지난날의 투쟁형태가 자신들은 물론 회사경영에도 치명적인 악영향을 미쳤다는 것을 깨닫고 회사와 화합하는 모습을 보이고 있다.

낙관적인 한국경제

질문 이제 한국 경제로 화제를 돌려보자. 한국 경제를 어떻게 전망하나?

로버트 실러 경상수지 악화, 주택경기 둔화 등을 이유로 한국 경제에 대해 비관적인 분석이 많지만, 나는 한국 경제에 대해 대단히 낙관적이다. 한국 경제는 세계에서 가장 성공적인 경제발전 모델이고 성장 동력도 여전히 튼튼하다. 신흥 국가가 아니라 선진국 단계에 접어들었다고 봐야 한다. 다만 선진국 문턱에 들어서면 경제 성장률이 정체되거나 둔화되는 시련은 겪을 것이다.

질문 한미 자유무역협정^FTA 협상이 앞으로 나아가지 못하고 겉돌고 있다. 어떻게 전망하나?

로버트 실러 양국 간 FTA 협상이 어려운 과정을 겪고 있다. 미국뿐 아니라 한국에서도 FTA 협상으로 잃는 부문만을 강조하며 FTA 협상에 반대하는 목소리가 있는데 이는 잘못된 것이다. FTA는 양국 모두에 도움이 될 것이다. 한국과 미국 모두 특정 산업에서 피해를 볼 수 있지만 전체적으로는 양국 모두에 이익이 될 것으로 본다. 경제 전체의 파이를 키울 수 있도록 사고의 전환이 필요하다. 특정 산업이 피해를 볼 경우 정부 차원에서 이를 보상하는 프로그램을 마련해 FTA 협상 자체가 무산되는 것을 막아야 한다.

질문 한국 경제의 강점과 취약점은 무엇인가?

로버트 실러 삼성, 현대 등 제조업체들의 발전은 기적이라고 표현하고 싶다. 너무나 경이적인 발전이다. 금융 분야에서도 아시아의 중심으로 자리를 잡아가고 있다. 무엇보다 한국인의 국민성을 칭찬하고 싶다. 진부한 말이지만 자기 일에 대한 동기부여가 강하고 부지런하며 더 나은 삶을 살고자 하는 열망 등이 경제성장의 가장 큰 동력이다. 다만 아시아 금융허브의 경쟁국인 싱가포르에 비하면 불리한 점이 많은데 그 중 하나가 언어이다. 싱가포르는 영어와 중국어 사용이 가능해 앞으로 아시아 시장 진출을 노리는 글로벌 비즈니스의 중심으로 더욱 확고한 위치를 점하게 될 것이다. 반면 한국의 경우 외국인들에게는 언어장벽이 있는 게 사실이다. 영어 비즈니스가 되는 환경을 만들어주어야 한다. 정부가 성장과 분배 사이에서 균형 감각을 유지하는 것도 중요하다. 한국 경제는 이제 분배를 더욱 적극적으로 생각해야 할 때이다. 성장 일변도에는 한계가 있다.

제 3 장

경제 권력의 이동

DEMISE OF DOLLAR

01. 미국, 부채의 나라

급증하는 부채를 견디지 못해 통화발행을 남발하면 해당국가의 통화가치는 하락하게 되고 그 국가의 경제는 멍이 들게 된다. 이는 역사적으로도 검증된다.

6세기 로마의 금화는 솔리더스^{solidus}였고, 로마와 군사적으로 경제적으로 적대관계에 있었던 이슬람세계의 화폐는 디나르^{dinar}였다. 당시 세계 경제를 지배하고 있었던 로마와 이슬람세계의 두 동전은 탄탄한 경제력을 등에 업고 가치를 인정받고 있었다.

왜냐하면 전 세계적으로 이들 두 동전은 통화가치를 인정받았을 뿐아니라 두 동전의 금속함유량이 시간이 지나도 그대로 유지되었기 때문이다. 오늘날의 경제용어로 표현하자면 이들 두 동전은 당시의 기축통화였다고 볼 수 있다.

하지만 19세기 무렵이 되면 상황이 바뀌게 된다. 13세기 동안 유지되었던 통화가치가 떨어지는 일이 발생한다. 국가의 예산적자와 재정적자가 쌓이다 보니 통치자들이 동전에 들어가는 금속의 양을 줄였고, 이에 따라 동전의 무게가 줄어들었고 통화가치도 덩달아 떨어졌다.

시중에 유통되는 통화량은 늘어났지만 반대로 통화가치는 떨어지게 되는 결과를 초래했다. 국제 무역시장에서 이들 두 동전에 대한 믿음과 신뢰가 땅에 떨어진 것은 물론이다.

고대 로마를 닮아가는 미국

부채의 늪에 허덕이는 국가가 통화발행을 남발하면 경제패권은 힘을 잃고 해당 통화는 신뢰를 잃게 된다는 것을 보여주는 역사적인 사건이다.

현재 미국경제의 현실과 달러의 위상은 이와 다르지 않다. 물론 미국 달러의 위상은 앞으로도 상당기간 지속될 것이다. 하지만 시간이 지날수록 달러가치는 점점 떨어지며 결국에는 화려했던 기축통화로서의 위상을 상실하게 될 것이다.

미국 정부가 재정적자와 경상수지 적자를 줄이지 않고 미국 가계가 왜곡된 소비행태를 바꾸지 않은 채 현행 시스템을 그대로 유지한다면 종착역은 점점 더 빨리 다가올 것이다. 달러를 대신해 일본 엔화, 중국 위안화, 유럽의 유로화가 달러 단일통화체제에 반기反旗를 들며 새로운 통화로 각광을 받고 있는 것은 추락하는 달러의 현주소를 여실히 보여 준다.

산업혁명에 성공한 영국의 파운드화가 18세기부터 1914년까지 세계의 중심통화기축통화로서 확고한 입지를 굳혔고, 1914~1944년1. 2차 세계대전 까지는 영국의 파운드와 함께 미국 달러가 중심통화 역할을 공동 수행했다. 그리고 2차 세계대전 종전 후 브레튼우즈 체제달러본위시대가 시작되는 1944년 이후부터는 미국 달러가 기축통화로서의 역할을 맡게 된다.

하지만 21세기 들어와서는 달러의 입지와 위상이 도전을 받고 있다. 달러가치 하락을 얘기할 때 약방의 감초처럼 빠트릴 수 없는 것이 미국의 쌍둥이적자, 즉 재정적자와 경상수지 적자다. 2008년 7월 기준 미국의 경상적자는 8,000억 달러에 달해 국내총생산GDP의 7%를 넘는 수준이다.

한국이 1997년 IMF 외환위기 때 무역적자(230억 달러)가 그 당시 국내총생산(5,000억 달러)의 5%에도 미치지 못했던 점을 감안하면 미국경제가 얼마나 많은 부채에 짓눌리고 있는지 알 수 있다.

신흥국가로부터 공산품을 수입하고 중동국가로부터 원유를 수입하면서 미국은 지불대금으로 명목화폐인 달러만 찍어내면 된다. 수출 국가들은 미국 달러와 국채TB를 축적하게 된다. 대규모 무역수지와 경상수지 적자에 허덕이고 있는 미국은 지금도 대규모 부채에도 불구하고 달러를 찍어내며 공산품과 원유를 다른 국가들로부터 수입한다.

다른 국가들은 미국 달러와 채권을 보유하며 '채권국가'로 변화하고 있고 반대로 미국은 달러만 찍어내는 '채무국가'로 변질되고 있다. 현재로서는 다른 국가들이 미국의 경제패권을 인정해 수출대금으로 달러를 받아들이고 있다. 하지만 달러가치가 계속 떨어지고 미국경제의 위상이 흔들릴 때에도 과연 달러를 받아줄까?

달러는 미운 오리 새끼

달러가치 저하를 우려하는 일부 국가들은 보유하고 있는 달러를 일본 엔화나 유럽의 유로화로 바꾸는 작업을 진행하고 있다. 미국 달러에 대한 믿음이 깨지고 있다는 증거다.

무역수지 적자 시스템을 개선하기 위해 미국 정부와 국민들은 별다른 노력을 기울이지 않고 있으며 '달러는 최고'라는 자가당착에 빠져 있다. 글로벌 경제에 달러통화가 넘쳐나면서 달러가치는 추락하고 있다. 로마의 금화 솔리더스solidus와 이슬람세계의 화폐 디나르dinar의 전철을 그대로 답습하고 있다. 이러한 추세가 지속된다면 달러가치 하락으로 미국 경제패권도 종말을 고하게 될 것이다.

급증하는 미국의 무역적자와 국민들의 비뚤어진 소비행태와 함께 미 연방정부의 재정적자도 위태로운 상태다. 산소 호흡기를 착용하고 가쁜 숨을 몰아쉬는 중병환자의 모습과 흡사하다. 미국의 쌍둥이적자는 위험한 외줄타기를 하고 있는 형국이다. 언제 땅바닥으로 추락할지 모르는 위태로운 지경이다.

미국의 빌 클린턴 대통령은 1998년부터 2001년 퇴임할 때까지 3년간 흑자재정을 이루어 놓았다. 이전 정권이 만들어 놓았던 적자재정을 퇴임 3년을 남겨두고 흑자로 돌려세운 것이다.

하지만 바통을 이어받은 조지 W. 부시 대통령은 미국의 흑자재정을 순식간에 다시 적자재정으로 돌려놓았다. 지난 2001년 취임할 때 1,280억 달러의 재정흑자를 물려받았지만 경기침체와 9·11테러, 테러와의 전쟁 등이 이어지면서 적자로 돌아섰다.

미국은 2008 회계연도(2007년 10월~2008년 9월)에 사상 최대 규모인 4,380억 달러의 재정적자를 기록했다. 미국 국내총생산GDP의 3.2%에 해당하는 규모다. 이는 1,620억 달러의 재정적자를 기록한 2007년은 물론 4,130억 달러의 막대한 재정적자를 기록한 2004년의 기록을 뛰어넘는 수준이다.

서브프라임 모기지 부실사태로 주택경기가 곤두박질치고 주택경기가 침체되면서 연방정부의 세수가 2007년 회계연도보다 2% 가량 줄었다. 또 기업들이 납부한 법인세도 2007년에 비해 18%나 줄어들었다. 개인소득세 총액 역시 1.6% 감소했다.

미국 경제침체가 지속되면서 세수는 줄어드는데 테러와의 전쟁, 의료비용, 복지예산, 군사력 증강 등으로 세출은 오히려 늘어나면서 나라 곳간이 텅텅 비어가고 있는 것이다.

깨진 독에 물 붓기

미국 정부는 금융기관 부실에 대한 책임도 떠안아야 할 판이다. 앞으로 재정적자는 줄어들기는커녕 오히려 가속도를 내면서 눈덩이처럼 불어나게 된다.

미국 정부는 2008년 양대 모기지 업체인 패니매와 프레디맥에 최대 2,000억 달러, 미 최대 보험회사인 AIG에 850억 달러 규모의 구제 금융을 투입했다. 이들 회사는 주택담보 부실대출과 잘못된 파생금융상품 투자에 따른 경영부실로 파산할 지경에 놓이게 되었는데 연방정부가 공적 자금을 투입해 가까스로 살려낸 회사들이다. 미국경제와 국민들에게 미치는 영향을 고려해 구제 금융을 투입하는 극단의 처방을 내린 것이다.

미국은 또 부실화된 투자은행과 저축은행을 구제하기 위해 7,000억 달러의 구제 금융법안을 집행하고 있다. 전문가들은 2009 회계연도의 미 재정적자는 5,000억 달러를 넘어설 것으로 전망하고 있으며 일부에서는 1조 달러에 달할 것이라는 암울한 시나리오도 내놓고 있다.

미국의 유력 일간지인 워싱턴포스트[WP]는 미국 정부가 경기부양을 위한 감세정책에다 역대 최대 규모의 금융기관 구제 금융으로 2009년 재정적자 규모가 1조 달러에 육박할 수 있다고 경고하고 있다. 워싱턴 포스트는 이 같은 재정적자 규모가 국내총생산^{GDP}의 7%에 달해 2차 세계대전 이후 최대 규모라며 미국의 재정수지 적자가 통제하기 어려운 수준으로 치닫고 있다고 보도했다.

그럼 재정적자와 경상수지 적자를 합한 미국의 쌍둥이적자 규모는 과연 얼마나 될까? 2008년 7월 기준 경상적자가 8,000억 달러, 2009년의 재정적자가 최소 5,000억에서 최대 1조 달러라고 가정하면 미국의 쌍둥이적자는 1조4,000억~1조8,000억 달러가 된다. 미국 국내총생산^{GDP}의 10%를 훌쩍 넘어서는 천문학적인 수치다.

세계적인 경제 논객 마크 파버는 2008년 10월 영국 런던에서 열린 컨퍼런스에서 이렇게 말했다. 마크 파버는 지난 1987년 블랙먼데이 Black Monday, 주가폭락를 예고해 '닥터 둠$^{Dr.\ Doom}$'이라는 별명을 얻었다.

"미국 국민들로부터 거둬들인 세금은 (연방정부의) 부채에 대한 이자를 내는 데에 다 쓰이게 될 것이다. 그런 날이 오면 미국은 달러를 찍어내는 수밖에 없게 되고 결국 초超인플레이션물가급등이 도래해 달러가치는 쓸모없게 된다. 비록 향후 3년 내에는 아닐지라도 미국은 결국 파산하게 될 것으로 확신하며 미국의 무역적자는 달러가치에 좋지 않은 영향을 미칠 것이다. 달러는 휴지조각이 될 운명이다."

마크 파버는 미국경제와 달러지폐에 대한 통렬한 비판을 작심한 듯 쏟아냈다. 마크 파버를 비롯해 많은 경제학자와 교수, 애널리스트들이 미국의 쌍둥이적자에 따른 달러가치 하락을 우려하고 있고, 미국 정부

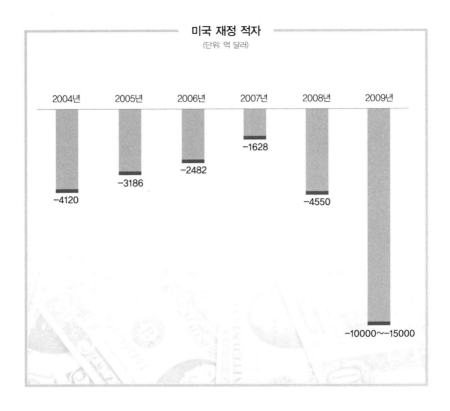

미국 재정 적자

(단위: 억 달러)

2004년   2005년   2006년   2007년   2008년   2009년

-1628

-2482

-3186

-4120

-4550

-10000~-15000

가 선제적인 대응에 나서야 한다고 목소리를 높이고 있다. 하지만 미국 연방정부는 이 같은 경고신호를 듣는 둥 마는 둥 시큰둥한 반응을 보이고 있다.

조지 W. 부시 대통령은 국가와 국민들에게 거짓말을 했다. 거짓말이 아니라면 국민들과의 약속을 헌신짝 버리듯 내팽개쳤다. 부시 행정부는 그 동안 매년 재정적자 폭을 줄여나가 2012년에는 균형재정을 이룰 수 있도록 하겠다고 기회가 있을 때마다 강조했다. 하지만 재정적자는 부시 대통령의 약속과는 달리 시간이 지날수록 늘어나고 있다.

재정적자를 만회하기 위해 연방정부는 달러화폐를 찍어내야 한다. 앞으로 달러발행은 더욱 속도를 낼 것이다. 글로벌 경제에 달러공급은 가속도를 낼 것이며 이에 따라 달러가치도 하락 압력을 받게 된다. 미국은 '부채의 나라' '빚의 나라'라는 사실을 확인시키면서 말이다.

02. 미국경제의 시한폭탄, 쌍둥이적자

　일반 가정이 갚을 수 없을 정도의 빚에 허덕인다면 곧 망하고 만다. 사회에서는 신용불량자로 낙인찍혀 은행 대출을 받을 수도 없고, 생존을 위해서는 법원에 개인파산신청을 해야 한다. 원금 갚을 능력도 없는데 은행 이자는 다락같이 오른다면 고통은 더욱 심해진다.

　미국경제의 운명은 마치 이와 같다. 미국은 재정적자, 경상적자와 함께 가계부문에서는 개인들의 부채가 심각한 수준이다.

　지금까지는 미국경제가 그나마 파워를 갖고 있지만 배터리의 힘은 점점 약해지고 있다. 쌍둥이적자가 누적될수록 미국의 경제 파워는 물론 정치적, 군사적 입지도 줄어들 수밖에 없다. 유감스럽게도 미국은 지금 이 같은 방향으로 나아가고 있다.

미국은 국민들의 소비가 국내총생산^{GDP}의 70%를 차지할 정도로 '소비가 미덕^{美德}'인 국가다. 경기가 침체국면을 나타낼 때에는 일정 수준의 소비증가가 경제를 활성화시키는 동력으로 작용하지만 소비지출이 만성화되면 국가와 가계 모두 예산적자를 면하기 어렵다.

소비를 권하는 국가

미국은 '소비를 권하는 사회'이다. 부시 행정부를 비롯한 미국의 역대 공화당은 정부의 시장개입을 최소화한다는 명분으로 조세감면정책을 구사하고 있다.

근로소득세를 줄여 국민들의 지갑을 열어야 기업생산과 투자가 늘어난다는 논리다. 미국 공화당은 부자들의 상속세도 줄이거나 아예 없애야 한다고 주장한다. 워렌 버핏 회장은 상속세 폐지에 대해 '참으로 부끄러운 정책'이라며 개탄을 금치 못하고 있다.

세금감면 정책을 고수하는 반면 미국의 재정지출은 눈이 휘둥그레질 정도로 엄청나다. 세계의 경찰 임무를 수행하면서 테러와의 전쟁에 따른 국방비 지출에 허리가 휠 정도다. 미 의회조사국^{CRS} 보고서에 따르면 미국은 이라크 전쟁 비용으로 2008년 7월 현재까지 무려 6,480억 달러를 지출했다. 2008년 수준으로 환산한 베트남전 비용 6,860억 달러와 거의 맞먹는 규모다.

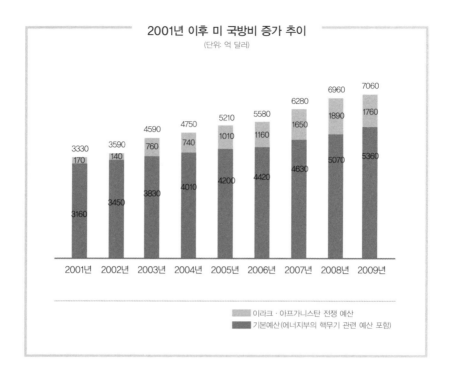

2001년 이후 미 국방비 증가 추이

(단위: 억 달러)

	2001년	2002년	2003년	2004년	2005년	2006년	2007년	2008년	2009년
합계	3330	3590	4590	4750	5210	5580	6280	6960	7060
이라크·아프가니스탄 전쟁 예산	170	140	760	740	1010	1160	1650	1890	1760
기본예산	3160	3450	3830	4010	4200	4420	4630	5070	5360

■ 이라크·아프가니스탄 전쟁 예산
■ 기본예산(에너지부의 핵무기 관련 예산 포함)

미국은 현재 아프가니스탄, 파키스탄, 소말리아, 이집트 등에서 끝이 보이지 않는 테러와의 전쟁을 수행하고 있다. 1998 회계연도에 2,792억 달러였던 국방비 지출(GDP 대비 3.1%)은 2004 회계연도에는 4,915억 달러로 GDP의 3.9%에 달했다. 테러와의 전쟁이 계속되고 무기비용 지출이 지속되면서 미국의 국방비 지출은 가속도를 낼 것으로 전망된다.

마치 밑 빠진 독에 물 붓는 식으로 재정지출은 늘어나고 있다. 미국의 재정수지가 2002년부터 적자로 반전된 것은 결코 우연이 아니다.

미국의 재정수지는 부시 행정부 출범 이후 급속히 악화되고 있다. 클린턴 행정부는 1990년대 초 국내총생산^{GDP} 대비 4%에 달하는 재정 적자를 해소하기 위해 적극적인 긴축재정정책을 시행했다. 쓸데없는 곳에 지출되는 예산비용을 줄이는 등 정부 차원에서 허리띠를 바짝 졸라맸다. 또 1990년대 미국경제가 장기호황을 거치면서 조세수입이 크게 증가했다.

그 결과 미국은 1998년 회계연도부터 4년 연속 흑자 기조를 유지할 수 있었다. 하지만 부시 행정부의 조세감면정책, 테러와의 전쟁, 의료복지비용 급증, 금융기관 구제 금융 등이 복합적으로 작용하며 미국의 연방재정수지는 2002 회계연도부터 다시 적자로 돌아섰다.

이후 2008년까지 7년 연속 적자를 지속하고 있으며 앞으로 어떠한 정권이 집권하더라도 재정적자는 상당기간 계속될 것으로 전망된다.

미국의 수출상품은 달러

미국 쌍둥이적자의 또 다른 축인 경상수지^{무역수지와 서비스 수지를 합한 것}는 재정수지보다 문제가 더욱 심각하다. 미국은 경기가 호황을 누린 1990년대에도 경상수지는 적자를 기록했다. 이는 미국에서 다른 국가로 수출된 상품보다 다른 국가에서 미국으로 수입된 상품이 더 많았다는 것을 의미하며, 미국 소비자들이 가계능력 이상으로 소비를 했다는 것을 말한다.

미국은 1990년대 장기호황 국면을 경험했지만 경상수지는 여전히 적자를 기록했다. 1990년대 후반 실질 국내총생산[GDP] 증가율이 4%를 초과하는 경제성장의 절정기에도 경상수지는 나아질 기미를 보이지 않고 적자를 나타냈다.

GDP 대비 경상수지 적자는 1995년부터 1997년까지 2% 범위 내에

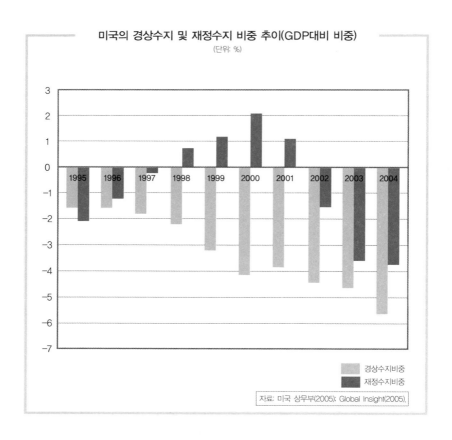

미국의 경상수지 및 재정수지 비중 추이(GDP대비 비중)
(단위: %)

자료: 미국 상무부(2005); Global Insight(2005).

서 움직였지만 1998년부터는 경상수지 적자가 급증했다. 2003년에는 사상 처음으로 5,000억 달러를 돌파한 데 이어 2004년에는 6,681억 달러로 GDP 대비 5.7%로 확대됐다. 2008년에는 8,000억 달러로 다시 늘어났다.

미국 경상수지 적자의 주범은 무역수지 적자이다. 이는 미국과 다른 국가 간 무역 및 교역관계가 불균형을 나타내고 있다는 증거이다. 다른 국가들은 미국이라는 거대시장에 제품과 상품을 수출해 외화를 벌어들이고 막대한 경상수지 흑자를 기록한다. 반대로 미국은 다른 국가에 수출하는 상품보다 더 많은 금액의 상품을 수입하기 때문에 경제성장에도 불구하고 경상수지는 적자를 나타낸다.

특히 중국, 일본, 한국, 대만 등 아시아 국가들이 미국과의 무역에서 대규모 흑자를 기록하고 있는데 이는 이들 4개국이 미국 국채[TB]의 대부분을 보유하고 있다는 것에서 확인할 수 있다. 미국 정부가 상품수입 대금을 결제하기 위해 무차별적으로 국채와 달러를 발행하고 있으며, 이들 아시아 국가들은 국채와 달러를 거두어들이고 있는 것이다.

미국의 쌍둥이적자는 국민들의 낮은 저축률에서도 원인을 찾을 수 있다. 국내 저축이 부족하면 부족분을 해외에서 돈을 빌려 보전해야 한다. 미국의 개인저축률은 1990년대 초반만 하더라도 7%선을 유지했지만 1994년에는 5% 아래로 떨어졌다. 이후 저축률 하락은 가속도를 내기 시작했으며 결국 2004년에는 1.8%까지 떨어졌고, 2008년에는 1%선도 위태로운 지경에 처했다.

미국 상무부 통계에 따르면 미국 국민의 연간 저축률이 1%대로 떨어진 경우는 대공황을 겪은 1930년대 초반 이후 처음으로, 현재 저축률은 역사상 가장 낮은 수준이라고 볼 수 있다.

어쩌다 미국 국민이 저축은 내팽개치고 소비만 남발하게 된 것일까? 미국 국민의 소비 및 저축행태에 어떤 변화가 생긴 것일까?

미국 국민의 사고 속에 욕심과 거품이 자리 잡고 있기 때문이다. 2000년대 초 미국경제는 낮은 금리 및 주택 가격 급등, 주식시장 호황에 힘입어 허울뿐인 고속성장을 이어간다.

2007년 촉발된 서브프라임 모기지 부실과 2008년 본격화된 미국발^發 금융위기로 2000년대 초반의 미국 경제성장이 사상누각이었다는 것으로 판명되었지만 미국 국민은 이 같은 시나리오가 현실로 나타날 것이라고는 전혀 생각하지 못했다. 아니 여기저기서 경고신호가 들렸지만 미국 정부와 국민들은 애써 이를 외면했으며, '미국경제는 세계 최강'이라는 구호만 앵무새처럼 반복할 뿐이었다.

거품에 질식된 미국

사람들은 주택 가격이 급등하고 주식가격이 오르면 자신의 재산과 부^富가 크게 증대된 것으로 잘못 판단하고 소비를 늘린다. 물가상승으로 실질소득은 별다른 변화가 없고, 주택은 모든 지역에서 같이 급등했고, 주식은 평가차익만 거두고 있을 뿐이지만 사람들은 자신의 지갑이 두둑해졌다고 생각한다. 이를 '부富의 자산효과'라고 부른다.

사람들은 금리가 낮은 은행에 돈을 예금하기 보다는 집을 사고 주식시장을 기웃거렸다. 영원히 오를 것만 같았던 집값과 주식가격이 추풍낙엽처럼 떨어지는 것을 보고 어리석은 자신들의 행동을 한탄했지만 이미 엎질러진 물이었다. 이에 더해 조지 W. 부시 대통령과 미국 공화당은 2001년 6월 '경제성장 및 조세감면법'을 제정하면서까지 국민들의 소비심리를 부추겼다.

상품을 광고하는 TV를 오래 보고 있으면 당장 필요하지 않은 물건이라도 사고 싶은 충동을 갖게 된다. 하물며 정부가 소비를 조장하는 통화정책과 재정정책을 집행하고 있는 데다 실물경제에도 거품이 끼어들고 있는데 누가 소비를 거부할 수 있겠는가? 2000년대 초 미국 국민은 소비의 노예가 되어가고 있었던 것이다.

경상수지와 재정수지 적자는 해외에서 돈을 빌려와 보전해야 한다. 해외에서 돈을 빌려 온다는 것은 해외부채 증가로 달러의 신뢰도가 떨어진다는 것을 의미한다. 미국 달러의 대외신인도가 급속히 악화될 가능성이 높아지고 있다.

글로벌 경기침체가 계속되거나 경기불황이 지속될 때에는 안전자산을 찾아 해외 투자자금이 이동하기 때문에 일시적으로 달러수요가 몰려 달러가치가 강세를 나타낼 수도 있다. 2008년 글로벌 신용경색과 금융위기 때 달러가치가 한국의 원화 및 일부 신흥국가 통화에 대해 강세를 나타낸 것은 이 때문이다.

하지만 미국의 부채증가로 달러의 대외신인도가 떨어지면 달러가치는 결국 떨어지게 되고, 부채증가 속도에 따라 달러하락 추세도 속도를 낼 것이다. 역사상 부채가 많은 국가의 통화가 세계의 기축통화 지위를 이어간 예는 없다.

역사의 한 페이지를 장식했던 고대 로마의 통화, 중세 이슬람의 통화, 15세기 에스파냐의 통화, 16세기 네덜란드의 통화 등도 부채의 짐을 견디지 못하고 사라졌거나 그 위상이 크게 약화됐다.

1944년 달러본위시대가 도래하면서 세계 경제의 기축통화로 우뚝 올라선 달러의 위상은 앞으로 어떻게 될까?

미국 정부가 오만하게 쌍둥이적자를 지속하고, 국민들이 거만하게 소비파티를 줄이지 않는다면 미국 달러의 운명도 점점 종착역을 향해 나아가게 될 것이다. 미국 달러는 어둡고 긴 터널의 초입初入을 향해 달려가고 있다고 볼 수 있다.

03. 소비탐욕이 초래한 가계부채

미국 달러가치 하락 및 대외 신인도 저하의 이면에는 쌍둥이적자와 함께 국민들의 막대한 가계부채가 자리 잡고 있다. 천문학적인 가계부채 증가로 미국경제의 3분의 2를 차지하는 소비가 위축될 것은 너무나 자명하며, 이에 따라 미국경제는 하강국면에 접어들거나 침체국면에 접어들 가능성이 크다.

미국경제의 침체는 상품수출을 미국 시장에 의존하고 있는 다른 국가들의 성장률도 떨어뜨려 글로벌 경제의 동반 침체를 초래하게 된다. 서브프라임 부실사태로 야기된 2008년의 미국 발[發] 금융위기로 일본과 영국, 독일, 프랑스, 유럽연합 등 선진국들의 주가가 폭락하고 주택 등 자산 가격이 급락한 것은 이 때문이다.

또 한국을 비롯해 중국, 대만, 홍콩, 싱가포르 등 신흥국가의 주가가 2008년 한 해 동안 40~50%가량 폭락하고 집값이 급락한 것도 미국 경제침체의 직격탄을 맞았기 때문이다.

유럽경제의 성공모델로 평가받았던 아이슬란드도 파생금융상품으로 야기된 금융위기로 국제통화기금^{IMF}에 손을 벌려 구제 금융을 신청하는 처지로 전락하고 말았다.

그럼 미국은 물론 글로벌 경제의 동반침체를 야기한 요인의 하나로 지목되고 있는 미국 가계부채의 본질은 무엇이며, 세계 경제에 미치는 파장은 어떠한 것일까?

미국 GDP와 맞먹는 가계부채

미국 가계부채는 크게 주택담보대출$^{모기지 론}$과 소비자신용$^{신용카드, 자동차 대출}$, 기타 대출^{리스} 등으로 구성된다. 1995년 5조 달러 안팎에 머물렀던 미국의 가계부채는 2004년 10조 달러를 웃돌았고 2006년에는 12조 달러, 2007년에는 13조8,000억 달러에 달했다. 이는 한국 국내총생산^{GDP}의 14배 수준이며, 미국 GDP와 거의 맞먹는 규모다.

1990년대의 경우 미국 가계부채 증가율은 연간 6.8%를 나타냈지만 2000년 이후부터는 연간 10.6% 이상의 증가율을 기록하고 있다. 21세기 들어 가계부채가 급증하고 있는 것이다.

2000년 이후 주택담보대출이 연평균 12.1%나 증가해 가계부채에서 차지하는 주택담보대출 비중도 증가일로에 있다. 전체 가계부채 중 주택담보대출이 차지하는 비율은 2000년 68.7%에서 2007년 76.0%까지 상승했다.

소비자신용도 2000년 이후 연평균 5.1% 증가했지만 모기지 론의 급격한 증가로 인해 가계부채에서 차지하는 비중은 2000년 24.2%에서 2007년 18.4%로 상대적으로 하락했다. 그만큼 가계부채에서 주택담보대출이 차지하는 비중이 점점 높아지고 있음을 보여준다.

미국의 서브프라임 부실사태는 2006년 하반기부터 모기지 론 연체율이 급상승하면서 초래된 것이다. 주택담보대출 연체율은 2007년 1·4분기 2.04%에서 2008년 1·4분기 3.68%로 급증했고, 소비자신용 연체율도 같은 기간 동안 2.95%에서 3.53%까지 상승했다. 모기지 론으로 대표되는 미국의 가계부채 급증이 2008년 글로벌 금융위기와 경기침체를 초래했다고 해도 과언이 아니다.

가계부실로 미국 국민들이 지갑을 닫음에 따라 실물경기도 악화 신호를 보이고 있다. 2008년 1·4분기의 경우 민간소비 증가율은 1.1%로 2001년 2·4분기 이후 최저를 나타냈다. 또 실업률의 경우 2008년 6월 5.5%까지 상승했는데 이는 2004년 10월 이래 최고 수준이다.

국민들의 소비여력이 떨어짐에 따라 기업들의 폐업과 도산이 잇따르고 있고 기업들은 감원을 단행하거나 공장을 폐쇄하면서 구조조정에 나서고 있다. 미국 제조업을 상징하는 제너럴모터스[GM]와 포드, 크라이슬러 등 자동차회사들이 도산위기에 내몰린 것은 미국 가계부채의 부실이 초래한 결과물이다.

2000년 이후 미국경제는 과잉소비 경향을 보이고 있다. 가계의 소비성향^{소비지출을 가처분소득으로 나눈 것}이 1995년 92.0%에서 2000년 93.7%로 증가했고 2006년에는 95.8%로 상승했다. 미국 국민들의 과잉소비가 가계부채 증가의 가장 큰 원인인 것이다.

앨런 그린스펀 FRB 의장의 원죄

미국 금융정책 당국과 앨런 그린스펀 전^前 연방준비제도이사회^{FRB} 의장이 IT 버블 이후 2000년 말부터 경기부양을 위해 금리를 대폭 낮춘 것도 가계 부실을 키웠다.

2000년 말 6.5%였던 연방기금 금리는 2001년 말 1년 동안 1.75%까지 급격히 떨어졌으며, 2003년 6월에는 1%까지 인하됐다. 1% 연방기금 금리는 2004년 6월까지 1년 동안 지속됐다.

미국 국민들이 은행대출을 받아 집을 사고 주식투자에 나서면서 가계부채가 급증한 이면에는 미국 정부의 저금리 정책이 크게 작용했다. 2% 이하의 저금리가 2001년 11월부터 2004년 11월까지 무려 3년 동안 지속되었다. 이전에는 1990년대 초반 저축대부조합^{S&L} 파산사태로 17개월간 3%의 저금리가 지속된 것이 최장이었다.

미국 기준금리 추이

(단위: %)

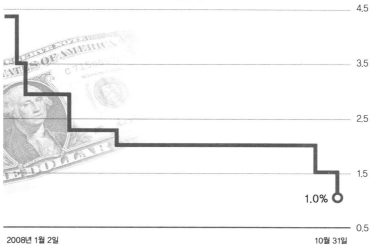

4.5

3.5

2.5

1.5

1.0%

0.5

2008년 1월 2일   10월 31일

일본 기준금리 추이

(단위: %)

0.5

0.45

0.40

0.35

0.30

0.3%

0.25

2007년 1월 9일   2008년 10월 31일

미국 정부의 저금리 정책은 국민들의 저축의욕을 뭉개버렸다. 물가 안정에도 불구하고 낮은 금리정책으로 인해 2002~2004년간 실질금리시장금리에서 물가상승률을 뺀 것가 마이너스를 나타내 국민들은 저축할수록 손해를 보는 구조로 바뀌었다.

미국인들은 저축은 등한시 한 채 은행대출을 받아 부동산시장으로 몰려들었다. 미국 개척시절 동부의 이민자들이 황금을 찾아 서부의 캘리포니아 주로 몰려들었던 것처럼 2000년대 초 미국 국민들은 주택시장으로 내달렸던 것이다.

미국 정부의 저금리 정책과 금융규제 완화를 등에 업고 커질 대로 커진 가계대출 거품은 2004년부터 서서히 터지기 시작했다. 가계부채 부실의 심각성을 뒤늦게 알아차린 앨런 그린스펀 연방준비제도이사회^{FRB} 의장은 과잉 유동성과 주택가격 버블을 우려해 부리나케 금리인상에 나섰다.

FRB는 2004년 6월 이후 무려 17차례에 걸쳐 0.25%포인트씩 금리를 인상해 1%였던 연방기금 금리를 2006년 6월에는 5.25%까지 끌어올렸다. 시장금리 상승에 따라 주택담보대출자의 원리금 상환부담이 가중되고, 빚을 갚지 못해 연체율도 급등했다. 가계 부실이 본격적으로 나타난 것이다. 미국연방주택금융국^{FHFB} 조사에 따르면 시중금리 상승으로 일반주택의 매월 원리금 상환부담은 2003년 2월 795달러에서 2006년 7월에는 1,207달러로 51.8%나 급증했다.

금리를 조정할 수 있는 서브프라임 모기지 연체율은 2007년 1·4분기 15.9%에서 2007년 4·4분기에는 20.2%까지 급등했다. 소비욕심과 투기탐욕이 맞물리면서 초래한 가계부채가 참혹한 종말을 맞이한 것이다.

가계부채 부실로 미국 국민의 고통은 앞으로 수년간 지속될 것이라는 게 전문가들의 일반적인 의견이다. 미국 주택저당대출기관연합회 MBA는 연체율 상승과 주택수요 감소로 2009년까지 주택가격 하락이 지속될 것으로 다소 보수적으로 내다봤다.

국제 금융시장에서는 미국 경기침체가 1~2년이 아니라 상당기간 길어질 것이라는 의견이 주류를 이루고 있다. 2008년 노벨경제학상 수상자인 폴 크루그먼 미국 프린스턴대 교수는 아래와 같이 진단했다.

"2008년 글로벌 금융위기는 매우 무서울 정도로 심각하다. 1990년대 아시아를 강타했던 것과 같이 심각한 위기를 우리는 지금 눈앞에서 지켜보고 있다. 이번 위기는 1930년대 대공황 때와도 매우 유사한 점을 가지고 있다. 미국은 경기침체를 겪게 될 것이다. 미국경제가 붕괴되지는 않더라도 이번 경기침체는 상당히 길어질 것이다."

앨런 그린스펀 전 FRB 의장. 금리인하로 미국경제의 거품을 키웠다는 비판을 받고 있다

자신의 경제철학과 소신을 굽히지 않기로 유명한 앨런 그린스펀 미 연방준비제도이사회 FRB 의장도 결국 양심고백

을 했다. 미국 가계부채 부실의 심각성과 이에 따른 금융시장 붕괴를 미처 예측하지 못했고 제대로 대응하지 못했다는 자책이 묻어 있다. '금융 마에스트로^{거장}' 의 명성은 땅에 떨어지고 말았다.

그린스펀 의장은 로널드 레이건 전^前 대통령에 의해 FRB 의장 자리에 처음 임명됐다. 이후 아버지 부시 대통령, 빌 클린턴 전 대통령을 거쳐 조지 W. 부시 행정부에서 FRB 의장을 은퇴할 때(2006년)까지 18년 6개월 동안 FRB 의장 자리를 지켰다. 세상 사람들은 그에게 '경제 대통령' 이라는 닉네임을 붙여주었다.

그린스펀 의장의 눈물

그린스펀 의장은 2008년 10월 23일 미국 하원 정부감독·규제위원회의 금융위기 청문회에 출석해 다음과 같이 참회했다.

"파생금융상품을 규제하지 않았던 것은 부분적으로 나의 책임이다. FRB가 2005년 말까지 서브프라임 모기지의 전체 규모를 제대로 파악하지 못하고 있었다. 은행 등 금융회사들이 자율적으로 주주들을 보호해줄 수 있을 거라고 생각했는데 나의 판단 착오였다. 나의 자유 시장 이론에서 허점을 발견했다. 40년 이상 내 경제이론이 잘 들어맞고 있다는 많은 증거를 가지고 있었기 때문에 나도 큰 충격을 받았다. 이번 금융위기는 100년에 한번 있을까 말까 한 신용 쓰나미이다. 글로벌 금융시장의 손실을 감안할 경우 직원 해고와 실업률의 현저한 상승을 어떻게 피해나갈 수 있을지 모르겠다."

미국의 가계부채 부실은 결국 '경제 대통령'마저 고개 숙여 참회하게 했다. 거품이 부풀어 오를 때에는 미국 국민들은 그린스펀 의장의 저금리 및 금융규제 정책에 찬사와 칭송을 보내며 그를 '경제 대통령'이라고 불렀지만 거품이 폭삭 꺼지자 국민들의 태도도 180도 변하고 말았다.

속된 말로 '돈 잃고 인심 좋은 사람은 없는 법'이다. 그린스펀 의장은 '미국경제를 망친 주범'이라는 비판까지 듣고 있다. 정책 방향을 잘못 잡은 그린스펀 의장도 책임론에서 자유롭지 않지만, 소비지출과 투기탐욕에 눈이 멀었던 미국 국민들이 일차적인 책임을 져야 하는 것은 너무나 당연한 일이다.

04. 신음하는 글로벌 경제

미국경제가 재채기를 하면 일본, 유럽연합^{EU}, 중국 등 글로벌 경제 주체들은 독감에 걸린다는 말이 있을 정도로 다른 국가들은 심한 몸살을 앓고 있다.

다른 국가들이 제품을 생산하면 미국 국민들은 이를 소비하면서 상호 협력 체제를 구축하고 있는데, 미국 국민들이 소비를 줄이고 있기 때문에 다른 국가들은 수출에 심각한 타격을 받고 있다. 아무리 제품을 잘 만들어도 판매할 수 있는 시장이 줄어들고 있는 만큼 수출 감소가 불가피한 상황이다. 미국과 일본이 제로금리 시대에 돌입했고 중국, 인도 등 대부분의 국가들이 금리인하를 단행하면서 경기부양에 나서고 있는 것은 바로 이 때문이다.

세계 각국 중앙은행들은 글로벌 금융위기와 신용경색이 본격화된 2008년 8월 이후 대폭적인 금리인하에 나서고 있다.

전 세계는 금리인하 열풍

금융위기 진원지인 미국은 2008년 9월 정책금리인 연방기금 금리를 연 5.25%에서 2008년 말에는 0%대로 내렸으며 유럽 중앙은행도 2008년 4차례 금리인하를 통해 기준금리를 5.0%에서 2.5%로 크게 떨어뜨렸다.

영국의 기준금리는 2007년 말 4.0%에서 2008년 말 2.0%로 인하됐고 이 기간 동안 일본은 0.5%에서 0.3%로, 캐나다는 4.25%에서 1.50%로, 호주는 6.75%에서 4.25%로, 중국은 7.47%에서 5.58%로, 대만은 3.38%에서 2.75%까지 금리를 지속적으로 내렸다.

일각에서는 2009년 글로벌 경제는 마이너스 성장을 나타내게 될 것이라는 경고도 잇따라 터져 나오고 있다. 미국 발發 금융위기가 세계 전체로 확산되면서 저성장 구조가 고착화될 것이라는 얘기가 된다.

전 세계 민간은행을 대변하는 국제기구인 국제금융연합회[IIF]는 2009년 세계 경제가 지난 50년 만에 처음으로 마이너스 성장을 할 것이라는 암울한 전망을 내놓고 있다.

국제금융연합회는 2008년 12월 미국 워싱턴에서 발표한 '2009년 세계 경제 전망 보고서'에서 2009년 세계 경제 성장치를 1960년 이후 처음으로 −0.4%로 예측했다. 2007년에 추산했던 2% 성장에 비하면 절망적인 수준이라고 할 수 있다. 또 세계은행^{WB}은 2008년 12월 발표한 세계 경제 전망 보고서에서 2009년 세계 경제가 0.9% 성장에 그칠 것으로 전망했다.

선진국이 마이너스 성장률을 기록하고 신흥시장국가 경제도 2008년의 절반 수준인 4.7% 성장에 머물 것으로 내다봤다. 특히 동아시아 경제성장률 전망치는 2008년 7.0%에서 2009년에는 5.3%, 오는 2010년에는 6.5%로 각각 제시했다.

1930년대 대공황 이후 최악의 경기불황을 겪고 있는 글로벌 경제의 저성장 구조가 빠른 시일 내에 회복되는 것이 아니라 향후 수년간 지속될 것이라는 경고의 메시지를 보내고 있는 것이다.

추락하는 글로벌 성장률

국제통화기금^{IMF}도 2008년 11월 공개한 세계 경제 전망 보고서에서 2009년 세계 경제 성장률이 2008년의 3.8%보다 크게 떨어진 2.2%를 기록할 것으로 전망했다. 도미니크 스트로스칸 IMF 총재는 2008년 12월 기자회견에서 '글로벌 경기침체로 그동안 세계 4위의 경제대국으로 두 자릿수 성장을 보여 온 중국이 2009년에는 5%대로 성장이 급격히 냉각될 것'이라고 경고하기도 했다.

2008년 경제성장률이 9.7%를 나타낼 것으로 추정되었던 중국의 경제성장률이 거의 절반 수준으로 떨어진다는 얘기로 이 경우 중국에 대한 수출의존도가 높은 한국을 포함한 동아시아 국가들이 심각한 타격을 받을 것으로 전망된다.

글로벌 경제 분석가들은 '세계의 공장'으로서 중국이 제 역할을 하기 위해서는 중국이 최소한 8%의 성장은 유지해줘야 하는 것으로 보고 있다. 올리비에 블랑셔드 IMF 수석 이코노미스트는 2008년 12월 "제2의 대공황을 피하려면 전 세계 정부가 더욱 더 적극적인 경기부양책을 펴야 한다. 필요하다면 세계 각국이 글로벌 국내총생산GNP의 3% 이상을 경기부양에 쏟아 부어야 한다"고 주장했다.

2008년 기준으로 경기부양을 위해서는 GDP의 2%가 적당하지만 경기침체가 깊어지고 있는 만큼 경기부양 규모를 늘려 잡아야 한다는 것이다. 2000년대 들어 안정적인 성장을 지속했던 세계 경제는 2008년을 기점으로 다시 어두운 터널 속을 지나가야 하는 혹한의 시기에 들어갔고 그 기간은 상당히 지속될 것이다.

깊은 수렁에 빠진 사무라이 경제

지난 1990년대 '잃어버린 10년'의 경기불황에 시달린 일본경제가

2000년대 중반 들어서는 경기회복의 신호를 잠깐 보이기도 했지만 2008년 본격화된 글로벌 신용경색을 견뎌내지 못하고 다시 깊은 수렁으로 빠져들고 있다. 글로벌 금융위기 여파로 세계 2위 경제대국인 일본이 다시 경기침체 국면에 진입한 것이다.

일본의 경제성장률은 2007년 4분기 및 2008년 1분기만 하더라도 2.0%를 넘는 견고한 신호를 나타냈다. 하지만 2008년 2분기에는 −3.7%로 떨어졌고 2008년 3분기에는 −0.4%에 그쳤다. 일본경제가 2분기 연속 마이너스 성장을 보인 것은 미국의 IT 거품붕괴로 성장률이 뒷걸음질 쳤던 2001년 2분기 이후 약 7년만이다. 통상 경제성장률이 2분기 연속 마이너스를 기록하면 경기침체에 빠진 것으로 해석한다.

이처럼 일본의 사무라이 경제가 다시 후퇴하고 있는 것은 거대한 수출시장인 미국이 경기침체 국면에 돌입하면서 수출이 크게 줄어들었고, 기업생산과 설비투자가 감소하면서 개인소비도 위축되고 있기 때문이다.

"일본경제가 경기후퇴 국면에 진입했다. 경기하강 상태가 지속될 것으로 전망된다."

요사노 가오루 일본 경제담당상의 설명이다.

이처럼 일본경제가 고전을 면치 못하고 있는 것은 '엔고円高현상' 때문이다. 일본인들은 엔고현상으로 일본이 1990년대의 경기불황을 겪게 된 단초를 제공했던 '플라자합의'의 악몽이 되살아나는 것 아니냐는 불안감에 휩싸여 있다. 현재의 엔고현상이 1985년 플라자합의 때의

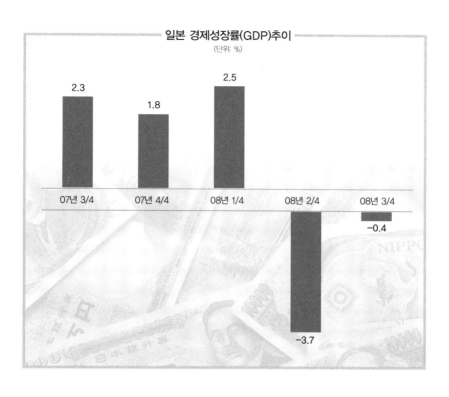

일본 경제성장률(GDP)추이

(단위: %)

07년 3/4	07년 4/4	08년 1/4	08년 2/4	08년 3/4
2.3	1.8	2.5	−3.7	−0.4

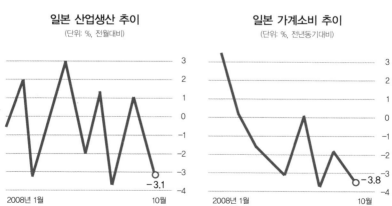

일본 산업생산 추이

(단위: %, 전월대비)

2008년 1월 ~ 10월 −3.1

일본 가계소비 추이

(단위: %, 전년동기대비)

2008년 1월 ~ 10월 −3.8

글로벌 경제상황과 흡사하기 때문이다. 일본경제의 현실과 현주소를 이해하기 위해서는 플라자합의에 대해 언급하는 것이 시의적절하다고 본다.

되살아나는 플라자합의 악몽

뉴욕 맨해튼의 센트럴파크Central Park 옆에는 플라자호텔이 있다. 고풍스런 건물 외벽도 아름답지만 1985년 플라자합의가 열린 곳으로 유명세를 타면서 지금은 뉴욕을 대표하는 관광명소가 되었다.

1985년 9월 22일. 미국과 영국, 프랑스, 독일, 일본 등 선진 5개국 중앙은행 총재가 미국의 무역수지 개선을 위해 플라자호텔에 모였다. 미국의 무역수지를 개선시키기 위해서 일본 엔화와 독일 마르크화의 통화가치를 절상한다는 것이 주요 내용이었으며 이 같은 노력이 성과를 거두지 못할 때에는 각국 정부가 인위적으로 시장에 개입하기로 합의했다.

1978년 2차 석유 파동을 겪은 미국은 고금리정책으로 전환했으나 달러가치가 높아지면서 무역수지 적자는 심각한 양상을 띠게 되었으며 이러한 난국을 헤쳐 나가기 위해 플라자합의가 성사된 것이다.

플라자합의로 당시 1달러당 260엔대를 보이던 달러화는 약세로 반전하며 10년간에 걸친 장기하락 추세에 진입, 1995년 4월에는 사상 최저 수준인 달러당 80.6엔을 기록했다.

엔화가치가 상승하면 일본의 수출경쟁력은 떨어지게 된다. 글로벌 시장에서 일본의 수출상품은 다른 나라 상품들보다 가격이 높게 형성되기 때문에 경쟁에서 이길 수가 없다. 수출 중심의 일본경제가 1990년대 10년 동안 혹독한 경기침체를 겪어야 했던 것은 플라자합의에 동의했기 때문이라는 지적이 나오고 있는 것은 이 때문이다.

플라자합의가 성사되고 24년이 지난 지금 일본 엔화가치는 다시 상승곡선을 그리고 있다. 2008년 11월 기준 엔화가치는 달러화에 대해 13년 만에 최고치인 달러당 90.87엔까지 치솟았다.

일본경제의 자존심인 도요타, 혼다 등 자동차회사의 순익이 70% 가량 줄어들었고, 이 회사들이 생산라인을 중단하고 인력 구조조정을 단행하고 있는 것은 엔고 영향이 사무라이 경제를 강타하고 있기 때문이다.

일본 최대 자동차업체인 도요타자동차의 북미 생산량이 더 줄어들 것으로 전망된다. 도요타의 2008년 1~10월 미국 생산량은 129만대로 2007년 같은 기간(139만대)에 비해 7.2% 감소했다. 이에 따라 2008년 도요타의 북미시장 매출은 2007년보다 하락하며 1995년 이래 처음 감소세를 나타낼 것으로 전망된다.

닛산자동차도 사정은 마찬가지다. 카를로스 고슨 르노-닛산 최고경영자는 일본 3위 자동차업체인 닛산의 2008년 하반기 이익이 제로에 머물 것이라는 암울한 전망을 내놓았다. 2008년 10월 닛산 미국 법인의 소형차 및 스포츠유틸리티 차량 판매량은 15년이래 최악의 수요 감소에 따라 2007년 대비 34%가량 급감했다. 또 엔화가 2008년에만 달러에 대해 16%, 유로화에 대해 34% 각각 평가 절상되며 닛산의 해외 실적을 갉아먹었다.

자동차뿐 아니라 전자산업, 정보통신, 인터넷, 모바일 등 모든 산업 분야에 걸쳐 일본 기업의 수출경쟁력이 확연히 떨어지고 있는 것이다. 바야흐로 '플라자합의'의 악몽이 일본경제를 다시 엄습하는 것 아니냐는 불안감이 확산되고 있다.

일본 정부는 침몰하는 경제를 살리기 위해 금리를 제로수준으로 끌어내리고, 대규모 경기부양정책을 구사하고 있지만 일본경제는 점점 수면 아래로 가라앉고 있다. 미국 발^發 금융위기에 따른 일본 엔화가치의 평가 절상이 갈 길 바쁜 일본경제의 발목을 다시 끌어내리고 있다.

제동 걸린 차이나 경제

'질주하는 고속열차' 중국경제의 성장세에도 제동이 걸렸다. 중국은 2003년 이후 연간 10% 이상의 고속성장을 구가하며 신흥국가를 대표하는 경제대국으로 자리 잡아가고 있지만 글로벌 신용경색 여파로 2009년에는 성장률이 한 자릿수로 크게 떨어질 것이 확실시되고 있다.

세계은행[IBRD]은 중국경제가 2009년에 1990년의 3.8% 성장 이후 19년 만에 가장 낮은 7.5%의 성장에 머물 것으로 전망했다. 세계은행 베이징사무소는 글로벌 신용위기 및 부동산 경기위축으로 중국경제는 2007년 11.9%, 2008년 9.4%에 이어 2009년에는 성장률이 7.5%에 그칠 것으로 비관적으로 내다봤다. 국제통화기금[IMF]도 2008년 11월 보고서에서 2009년 중국의 성장률을 8.5%로 하향조정했다. 중국경제가 당분간 이전처럼 10% 이상의 성장률을 달성하기가 힘들어질 것이라는 전망이다.

실제 중국은 2008년 11월의 경우 무역액이 7년 만에 처음으로 마이너스 성장을 나타냈다. 11월 무역액은 수출 1,000억 달러, 수입 700억여 달러 등 총 1,700억여 달러로 2007년 11월에 비해 오히려 줄어들었다. 중국의 월별 무역액이 마이너스를 기록한 것은 2001년 6월 이후 7년 만에 처음 있는 일이다.

거대한 수출시장이었던 미국의 소비자들이 중국 제품에 대한 소비를 줄이고 있는 데다 중국 내수시장도 위축되면서 경제가 성장 동력을 상실하고 있다. 미국의 거대 유통체인 월마트에 가면 제조 상품들은 십중팔구 '중국산'이다. 미국의 저소득층이 즐겨 찾는 월마트에는 저가 상품들이 넘쳐난다.

미국이 2000년대 초 견고한 경제성장을 이어가면서도 물가수준을 잘 관리할 수 있었던 것도 중국의 저가 제품을 들여와 국민들에게 판매했기 때문이라는 분석도 나오고 있다.

하지만 베스트바이, 서킷시티 등 미국의 다른 유통회사들이 경영난에 허덕이며 파산위험에 노출되고 있는 것에서 여실히 알 수 있는 것처럼 미국 소비자들은 지갑을 열지 않고 있다. 은행 대출금 갚기도 버거운 상태에서 옛날처럼 흥청망청 소비를 하지 않는다. 자칫 잘못하다가는 개인파산신청을 해야 할 정도로 미국 소비자들은 벼랑 끝으로 내몰리고 있다. 중국 제품이 아무리 저렴하더라도 더 이상 소비할 여력이 없다. 중국 수출이 정체되거나 감소하는 것은 당연하다.

위안화 절상에 신음하는 중국 기업

2008년 중국의 수출기업은 광둥성에서만 7,000여개를 비롯해 전국에서 6만5,000여개나 도산한 것으로 알려지고 있다. '세계의 공장'이라는 별명을 가지고 있는 중국경제가 옛날의 화려했던 명성을 계속 누릴 수 있을 것인가에 대해 회의적인 반응이 일고 있는 이유다.

2008년 12월 중국 국가통계국이 발표한 연매출 500만 위안(약 9억5,000만 원) 이상 제조업체의 11월 부가가치 증가율은 5.4%로 1992년 이후 16년 만에 가장 낮은 수준을 나타냈다. 이들 기업의 2008년 1~11월 순익 증가율은 2007년 같은 기간에 비해 4.9% 소폭 증가하는 데 그쳤다. 2007년 1~11월에는 36.7% 증가한 것에 비하면 1년 사이에 31.8%포인트나 급감한 것이다.

반면 부동산, 주식 등 자산시장 버블은 붕괴되고 있다. 2008년 4월 소비자물가지수[CPI]는 8.5% 상승해 1996년 이후 최고치를 기록했고 8월 생산자물가지수[PPI]도 10.1%로 3년 만에 최고 수준을 나타냈다. 하지만 글로벌 신용경색의 여파가 직간접적으로 전달되면서 2008년 5월 이후 소비자물가 상승세는 둔화되기 시작했으며 2008년 8월에는 CPI가 4.9%까지 떨어졌다.

2007년 10월 6,000포인트(사상 최고)를 돌파했던 상하이 종합주가지수는 2008년 9월에는 2,000포인트 아래로 추락하기도 했다. 중국 역시 부동산 개발이 은행 등 금융기관의 대출을 통해 이루어지고 있어 부동산 가격하락이 은행 등 금융회사들의 자산건전성을 훼손시키고 있다. 주식과 부동산의 자산거품이 일시에 빠지면서 부실채권이 증가하고 개인들의 가처분소득이 현격히 줄어드는 악순환이 이어지고 있는 것이다.

2009년 중국 정부는 위안화 가치 안정에 통화정책의 초점을 둘 것으로 전망된다. 미국이 수출경쟁력 강화를 위해 중국 정부에 줄기차게 위안화 평가 절상을 요구하고 있지만 중국이 미국의 주장을 곧이곧대로 받아줄 리가 만무하다.

위안화 가치를 평가 절상할 경우 중국 제품의 해외 수출경쟁력이 떨어져 교역조건 악화가 불가피하기 때문이다. 중국 정부는 수출증치세[부가가치세]에 대한 환급률 상향 조정, 금리인하, 위안화 평가 절상 속도조절 등을 통해 자국 산업 보호에 우선순위를 둘 것으로 예상된다.

이 경우 경제 재건을 다짐하며 다른 국가들에게는 자유무역을 요구하면서 자국 산업에 대해서는 보호무역 기치를 내걸고 있는 미국 오바마 정권과의 무역마찰과 갈등이 불가피할 것으로 전망된다.

05. 용틀임하는 아시아

 20세기 이후 글로벌 경제패권을 장악했던 미국경제가 가쁜 숨을 몰아쉬고 있는 동안 중국, 일본, 인도, 대만, 한국, 홍콩 등 아시아경제가 빠른 속도로 부상하고 있다. 물론 아시아 국가들은 미국에 대한 수출 의존도가 높다는 한계를 가지고 있다. 미국 국민들이 경기침체로 소비를 줄이면 아시아 국가들이 수출 감소로 홍역을 겪는 것은 이 때문이다.

 2008년 미국에서 시작된 서브프라임 모기지 부실과 신용경색으로 아시아 국가들의 경상수지가 큰 폭으로 하락하고, 주가가 폭락한 것은 아시아경제가 미국경제와 얼마나 밀접하게 연관되어 있는지를 보여준다.

하지만 아시아경제가 긴 겨울잠에서 깨어나 용틀임을 준비하고 있다. 15세기 유럽의 대항해*大航海 시대 이전까지만 하더라도 아시아는 유럽보다 높은 문화와 문명을 가지고 있었다. 하지만 대항해 시대 이래로 서유럽 국가들이 식민지 개척과 영토 확장에 나서는 동안 아시아 국가들은 쇄국정책이라는 명분 아래 문을 굳게 잠그고 자기발전을 부정했다. 세계 역사의 중심무대는 서유럽이었으며 20세기 이후에는 미국이 세계의 중심에 섰다. 아시아 국가들은 유럽과 미국의 식민지가 되거나 침략대상이 되는 등 변방에 머물러 있을 뿐이었다.

연극무대의 주인공이 되지 못하고 카메오에 불과했던 아시아 국가들은 성실과 근면, 부지런함을 발판으로 가파른 경제성장을 달성하고 있다. 세계의 부*富가 점점 아시아로 이동하고 있다. 미국의 경제패권이 아시아로 넘어가는 것은 시간문제라는 분석도 나오고 있다.

달러 주도권 쥔 아시아

아시아경제의 급부상은 이들 국가의 외환보유고를 보면 확인할 수 있다. 주요국의 외환보유고를 보면 아시아 국가들이 상위랭크를 독차지하고 있다.

2008년 3월 말 기준 외환보유고가 가장 많은 나라는 중국이다. 중국은 1조5,282억 달러의 외환보유고를 자랑하며 이어 일본이 1조156

억 달러, 러시아가 5,070억 달러, 인도가 3,092억 달러를 가지고 있다. 이어 대만이 2,869억 달러, 한국이 2,642억 달러, 브라질이 1,952억 달러, 싱가포르가 1,776억 달러, 홍콩이 1,607억 달러를 가지고 있다. 상위 6개 중 아시아 국가가 5개나 포함되어 있다.

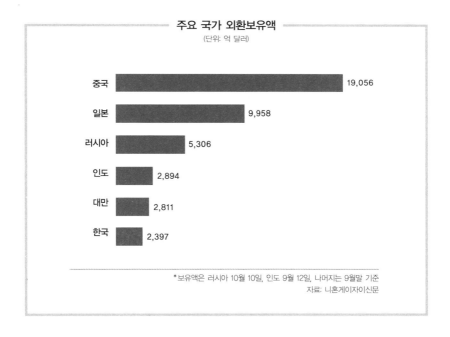

주요 국가 외환보유액

(단위: 억 달러)

국가	외환보유액
중국	19,056
일본	9,958
러시아	5,306
인도	2,894
대만	2,811
한국	2,397

*보유액은 러시아 10월 10일, 인도 9월 12일, 나머지는 9월말 기준
자료: 니혼게이자이신문

중국 외환보유액의 증가는 수출실적 호조에 따른 것이다. 탄야링 중국국제경제관계학회 상무이사는 '중국의 대외무역과 외국인의 중국 내 투자가 빠르게 증가하고 있고 이 같은 추세가 계속 유지되고 있다. 이것이 외환보유액 급증의 가장 큰 원인이다' 라고 진단했다.

중국 해관총관세청서 통계에 따르면 2008년 3·4분기 중국의 대외수출금액은 1조740억 달러로 지난해 같은 기간에 비해 22.3% 증가했으며, 2008년 1~9월 중국의 누적 무역흑자액은 1,809억 달러를 기록한 것으로 나타났다.

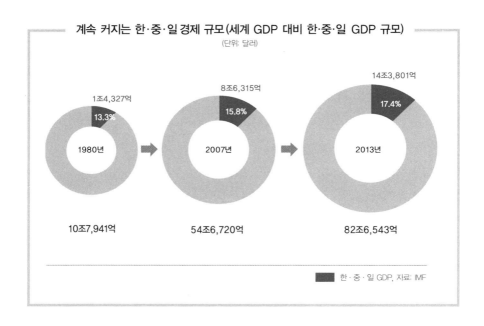

계속 커지는 한·중·일 경제 규모(세계 GDP 대비 한·중·일 GDP 규모)
(단위: 달러)

1조4,327억
13.3%
1980년

8조6,315억
15.8%
2007년

14조3,801억
17.4%
2013년

10조7,941억   54조6,720억   82조6,543억

한·중·일 GDP, 자료: IMF

미국의 대규모 무역적자가 달러약세의 원인으로 지목되고 있는 것과는 달리 중국은 무역흑자로 달러에 대한 위안화 가치가 강세를 나타내는 대조적인 모습을 보이고 있다. 미국은 무역을 해서 돈을 잃고 있는 것이고, 반대로 중국은 미국의 무역파트너로서 돈을 따고 있는 것이다.

중국은 미국의 구세주

미국에서 가장 큰 아울렛 매장은 월마트와 코스트코이다. 한국의 유통문화를 선도하고 있는 이마트, 롯데마트, 홈플러스 등과 같은 곳이다.

월마트는 중산층이 즐겨 찾는 곳이고, 코스트코는 흑인과 저소득층이 애용하는 매장이다. 이들 매장에 진열되어 있는 의류와 장난감, 문구, 나무제품, 전자제품, 학용품 등을 둘러보면 대부분 중국산이다.

이들 매장이 고객들로부터 큰 인기를 끄는 것은 무엇보다 가격이 저렴하기 때문이다. 중국의 값싼 노동력으로 생산된 제품들이 미국으로 수출되어 미국 가정에서 사용되고 있다. 주말만 되면 월마트와 코스트코에서 중국 제품을 구매하려는 고객들로 매장은 북새통을 이룬다. 계산대에서 물건 값을 지불하는 데에도 20분가량의 시간이 소요될 정도이다.

스포츠용품 회사인 나이키를 비롯해 미국 굴지의 제조 기업들은 더 이상 미국에 공장을 짓지 않는다. 공장부지도 비싸고 근로자에 대한 의료·복지비용도 감당할 수 없는 수준이다. 미국의 생산 공장은 세계시장에서 경쟁력을 가질 수 없다는 공감대가 형성되고 있다.

미국 제조 기업은 태평양을 건너 중국에서 공장을 짓고 여기서 만들어진 제품을 미국에 다시 수출한다. 중국 제품을 판매하지 않고서는, 또는 중국에서 공장을 운영하지 않고서는 가격경쟁력이 떨어지기 때

문이다. 중국의 무역흑자가 매년 늘어나고 있다는 것은, 달리 말하면
미국의 산업경쟁력이 약화되고 있다는 것을 의미한다.

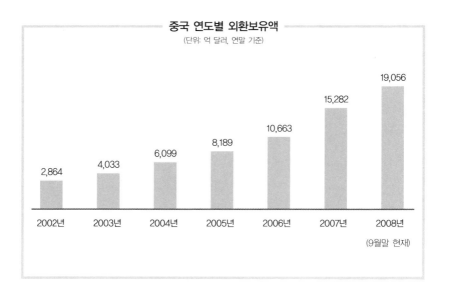

중국 연도별 외환보유액
(단위: 억 달러, 연말 기준)

- 2002년: 2,864
- 2003년: 4,033
- 2004년: 6,099
- 2005년: 8,189
- 2006년: 10,663
- 2007년: 15,282
- 2008년: 19,056 (9월말 현재)

미국은 중국으로부터 물건을 수입하고 국채를 발행해 대금을 결제
한다. 무역적자가 날로 늘어나는 상황에서 수중에 든 돈이 없기 때문
에 국채TB를 찍어내 외상대금을 갚는다. 중국이 미국 국채를 많이 보유
한 국가 중의 하나인 이유가 여기에 있다.

미 재무부에 따르면 2008년 6월 말 기준 일본이 가장 많은 5,838억
달러의 미 국채를 보유하고 있으며, 이어 중국이 5,038억 달러, 영국

이 2,804억 달러, 석유수출 국가(사우디아라비아를 포함한 15개국가) 1,704억 달러, 브라질이 1,516억 달러의 미국 국채를 가지고 있다.

이처럼 일본과 중국이 세계 1, 2위의 외환보유고와 미국 국채를 보유하고 있다는 것은 그만큼 국제 금융시장에서 중국과 일본의 영향력과 파워가 강해지고 있다는 것을 말한다. 이는 반대로 가계부실과 쌍둥이적자에 허덕이는 미국경제의 입지가 상대적으로 좁아지고 있음을 의미한다.

세계적인 미래학자 앨빈 토플러가 즐겨 쓰는 말처럼 세계 경제 패러다임에 있어 '권력의 이동'이 나타나고 있다. '부채의 나라' 미국에서 '수출의 나라' 아시아로 경제 권력 재편이 빠르게 나타나고 있는 것이다.

06. 일본과 중국의 미국 공습

미국 경제패권이 흔들리고, 다른 통화에 대한 달러가치 하락이 대세로 굳어지면서 미국 기업들이 팔려나가고 있다.

18세기 세계 경제를 주름잡았던 영국에 이어 19세기부터 글로벌 경제의 주인공으로 등장했던 미국 기업들이 하나 둘씩 아시아, 유럽, 중동 등 다른 국가들에게 팔리고 있다. 일본이 1990년대 극심한 경기침체를 겪었던 것처럼 21세기 초 글로벌 신용위기의 도화선이 된 미국경제가 장기간의 침체국면에 진입할 것이라는 주장이 설득력을 얻고 있다.

1980년대 미국 영화사를 사들이고 뉴욕의 록펠러 센터를 매입했던 일본은 21세기 들어 다시 미국 기업들의 공장을 매입하거나 기업들의 주식^{지분}을 사들이고 있다. 미국 본토 기업에 대한 '일본의 공습'이 재연되고 있는 것이다. 중국과 중동국가들은 공산품 및 원유수출로 벌어들인 달러를 기반으로 미국 금융회사는 물론 제조업체를 인수하고 있다.

1930년대 대공황 이후 최악의 금융위기로 궁지에 몰린 미국 기업들을 아시아, 중동국가들이 잇따라 매입하고 있고, 앞으로 이러한 추세는 지속될 것으로 전망된다.

미국을 사들이는 사무라이 자본

2008년 9월 일본 미쓰비시UFJ 파이낸셜그룹은 미국 2위 투자은행인 모건스탠리 지분 21%를 90억 달러에 사들였다. 미쓰비시UFJ는 미국 당국의 승인을 받아 모건스탠리 집행이사회에 최소한 1명 이상의 이사를 파견하기로 했다. 자본을 투입한 모건스탠리의 경영 상황을 일일이 감시하고 경영권에 개입하겠다는 의지를 밝힌 것이다.

미쓰비시UFJ는 2005년 10월 일본 2위인 미쓰비시도쿄 파이낸셜그룹MTFG과 4위인 UFG가 합병해 당시 자산규모 190조 엔의 세계 최대 은행으로 재출범했다.

일본 노무라홀딩스는 파산보호신청을 한 리먼브러더스의 아시아, 유럽 지역 영업망을 약 2억5,000만 달러에 인수했다. 영국계 스탠다드차타드SC 및 바클레이즈와 3파전을 벌인 끝에 가장 높은 가격을 제시해 최종 인수자가 되었다.

세계 최대 상업은행인 뱅크오브아메리카^{BoA}에 인수된 메릴린치에는 미즈호코퍼레이트은행이 1,300억 엔을 투자하기도 했다. 미국 최대 투자은행인 골드만삭스에는 미쓰이스미토모은행이 지분출자를 준비하고 있다. 미쓰이스미토모는 골드만삭스가 자금지원을 요청할 경우 지분인수를 긍정적으로 검토하고 있는 상태이다.

일본의 해외 금융사 투자 사례(2008년)

미쓰비시UFJ	모건스탠리 지분 20% 인수(9,000억 엔) 유니언뱅칼 지분 인수(3,320억 엔)
노무라홀딩스	리먼브라더스 아·태 법인 인수(250억 엔)
미즈호그룹	메릴린치 우선주 인수(1,300억 엔)
미쓰이스미토모	영국 바클레이스 출자(1,060억 엔)
도쿄해상	미국 필라델피아콘솔리데이티드 인수(5,000억 엔)
일본생명	노스웨스턴뮤추얼 출자(300억 엔) 프린시펄생명보험 출자(400억 엔)
다이이치생명	타워오스트레일리아 출자(375억 엔)

일본 보험업계는 미국 정부로부터 구제 금융 자금지원을 받는 처지로 전락한 세계 최대 보험사 AIG 지분인수를 노리고 있다.

일본 기업들이 미국 금융회사를 사들이고 있는 것은 부실채권 문제로 일본 정부로부터 4,400억 달러의 구제 금융을 받았던 10년 전과 비교하면 격세지감을 느끼게 한다. 일본 은행들은 당시의 위기를 계기로 재무구조를 튼튼히 하면서 내실을 다져 막대한 자본력을 확보하게 된 것이다. 일본 은행들이 미국 금융회사로 눈을 돌리고 있는 것은 일본 사회의 고령화로 성장을 위해서는 미국 기업을 인수합병^{M&A}하거나 지분투자를 늘려야 한다는 계산도 깔려 있다.

노무라증권의 이와사와 세이치로 이코노미스트는 이에 대해 다음과 같이 설명한다.

"경기 호황기에는 인수합병이 지나치게 높은 값을 주고 이루어져 인수기업에 도움이 되지 않는 경우도 많다. 미국 발^發 금융위기로 세계 금융 산업이 재편되는 과정에서 일본 금융회사들도 기회를 잡고 있다."

국제 금융 전문가들은 이 같은 일본의 미국기업 지분투자에 대해 '사무라이 자본'의 '월가^街 상륙작전'이 시작되었다고 평가한다.

미국 금융회사들이 파생금융상품이라는 '거품'을 만들어 버블을 부풀리고 있을 때 일본은 내실을 다졌다. 1990년대 '잃어버린 10년'의 아픈 기억을 간직하고 있었던 일본은 위험이 높은 파생상품 투자보다는 내실경영에 치중했다. 허약했던 체력에 힘이 붙자 일본 기업은 거품이 터진 미국 기업을 하나 둘씩 사들이고 있는 것이다.

미국 공격하는 왕서방 자본

'저가^{低價}' 공산품을 판다는 멸시를 당하면서도 수출대국이 된 중국

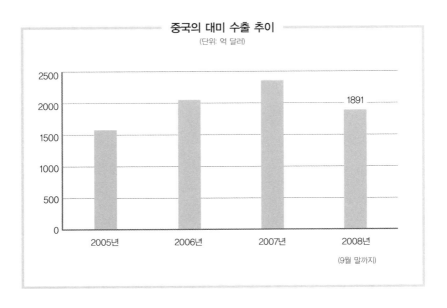

중국의 대미 수출 추이
(단위: 억 달러)

1891

2005년　2006년　2007년　2008년
(9월 말까지)

도 미국 등 해외 기업 인수에 팔을 걷어붙이고 있다.

중국투자회사는 모건스탠리에 56억 달러, 중국산업개발은행은 스탠다드뱅크에 55억 달러를 투자했다. 또 중국투자회사가 블랙스톤에 30억 달러, 핑안보험이 포르티스에 24억 달러를 투자했다. 중국민생은행은 미국 샌프란시스코 지방은행인 UCBH 지분 9.9%를 2억 달러에 사들였다.

글로벌 경제의 변방에 머물렀던 사회주의 국가 중국이 자본주의 시장경제 체제를 받아들이면서 세계 금융시장의 기린아로 급부상하고 있다. '왕서방 자본'이 자본주의의 총본산인 뉴욕 월스트리트에 진출하고 있는 것이다.

중국의 해외 금융사 투자 사례

중국투자공사	모건스탠리에 50억 달러 투자, 추가 출자 검토
중국은행	프랑스 로스차일드은행 PB 부분 지분 인수
중국인민은행	영국 푸르덴셜 지분 1% 인수
중국공상은행	필리핀 현지 은행 · 태국 ACL은행 인수 추진 남아공 스탠더드뱅크에 56억 달러 투자 인도네시아 PT뱅크 하림 지분 90% 인수

　이처럼 '사무라이 자본'과 '왕서방 자본'의 미국 본토 진출이 본격화되고 있는 것은 경영부실로 미국 금융기관과 기업들이 싼값에 매물로 나오고 있기 때문이다. 세계 최고의 신용등급을 자랑하는 미국 정부의 신용등급도 하향 조정될 위기에 처해 있는 상황에서 금융회사들의 경영부실은 심화되고 있다.

　미국의 유력 경제매체인 CNN머니는 2008년 3월 연방예금보험공사FDIC 보고서를 인용해 1~2년 이내 미국 은행 중 200개사가 경영부실을 견디지 못하고 도산하거나 문을 닫을 것이라고 경고했다. 1980년대 미국 은행은 부실대출에 따른 경영부실로 저축대부조합S&L 사태를 겪으며 206개에 달하는 은행들이 연쇄적으로 파산했다. 서브프라임 모기지 사태로 야기된 2008년의 은행부실도 이에 못지않을 것이라는 전망이다.

　자렛 세이버그 스탠포드그룹 애널리스트는 "1~2년 내에 파산위험이 있는 은행이 200개를 넘어설 것"이라며 "문제의 은행들은 파산되

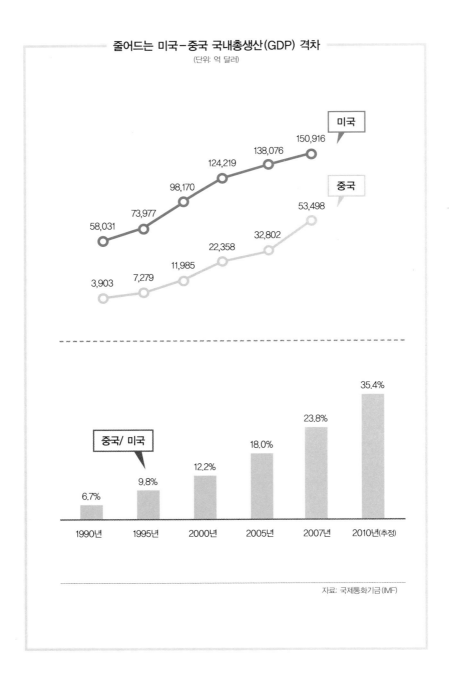

줄어드는 미국-중국 국내총생산(GDP) 격차
(단위: 억 달러)

미국

중국

150,916
138,076
124,219
98,170
73,977
58,031

53,498
32,802
22,358
11,985
7,279
3,903

중국/ 미국

35.4%

23.8%

18.0%

12.2%

9.8%

6.7%

1990년 1995년 2000년 2005년 2007년 2010년(추정)

자료: 국제통화기금(IMF)

기 이전에 해외 자본에 매각될 운명에 처하게 될 것"이라고 경고하고 있다.

앨런 그린스펀 전^前 연방준비제도이사회^{FRB} 의장은 2008년 8월 다음과 같은 양심고백을 했다. 부시 행정부에서 FRB 의장을 역임하며 미국경제의 견고한 성장을 입에 침이 마르게 강조했던 것과 비교하면 큰 차이가 있다.

"현재의 금융위기는 100년에 한두 번 나올까 말까 한 중대한 사태다. 주택시장이 안정을 되찾기 전까지는 미국 금융회사들은 고전을 면치 못할 것이다. 전 세계적인 금융위기와 주택담보대출에 대한 신뢰가 회복되기 전까지 앞으로 더 많은 은행들이 파산에 직면할 수 있다. 파산 위기에 내몰린 은행들은 정부에 구제 금융을 요청하게 될 것이다."

그린스펀 의장의 뒤늦은 양심고백처럼 미국 은행들은 일본과 중국 등 아시아, 중동의 오일달러, 유럽에 팔려 나가는 처량한 신세로 떨어지고 말았다.

위협받는 미국 신용등급

미국 금융회사에 대한 위기감이 증폭되면서 세계 최고 신용등급을 자랑하는 '엉클 샘^{Uncle Sam}'이 국가신용등급을 강등당할 위기에 놓여 있다.

미국의 국가신용등급은 최상위인 'AAA'이다. 한국은 'A'이다. 예산적자가 쌓이고 무역적자가 확대되고 금융회사들의 부실이 심화되면 개별 국가의 신용등급은 당연히 떨어지게 된다. 1997년 국제통화기금IMF 외환위기를 겪은 한국의 신용등급이 뚝뚝 떨어졌던 것은 이 때문이다. 1997년의 한국처럼 2008년의 미국이 신용등급 하락위기에 처해 있다.

세계적인 신용평가기관인 스탠더드 앤 푸어스S&P의 존 체임버스 국가신용등급위원회의장은 2008년 9월 미국 정부에 다음과 같이 엄포를 놓았다.

"미국 정부가 AIG 보험사에 대한 구제 금융 조치를 취한 이후 미국의 국가신용등급에 압력이 쌓이고 있다. 연방준비제도이사회FRB의 850억 달러에 달하는 AIG 구제 금융이 미국의 재정 상황을 더욱 악화시키고 있으며, 미국의 'AAA' 등급에도 좋지 않은 영향을 미치고 있다. 처음부터 타고난 'AAA' 등급은 어디에도 없으며, 미국 역시 예외가 아니다."

필자는 2004년부터 2007년까지 뉴욕 특파원으로 활동하면서 여러 차례 존 체임버스의장을 만나 인터뷰를 할 기회가 있었다. 부드러운 말투와 논리적인 화법이 무척 인상적이었다.

그는 특정국가의 신용등급은 쉽게 변하지 않는다고 했다. 여러 개의 체크항목에 모두 이상신호가 나타날 경우 국가신용등급이 조정된다고 했다. 존 체임버스 의장이 미국의 국가신용등급 강등을 내비친 것은 그 만큼 미국 기업과 정부의 부실이 심해지고 있다는 방증이다. 20세기 이후 100년 이상 세계 경제 패권을 장악하고 있는 미국경제에 균열이 나타나고 있다는 경고의 메시지이다.

미국 정부가 현재의 위기를 인식하지 못하고 방만한 예산운영, 불어나는 경상적자, 달러가치 하락, 급증하는 가계부채 등에 적극적으로 대응하지 않는다면 S&P의 경고는 현실이 될 것이다. 사무라이 자본과 왕서방 자본, 오일 자본이 미국 금융회사들을 마구 사들이고 있는 것은 미국의 국가신용등급에 대한 또 다른 형태의 경고인 것이다.

07. 글로벌 화폐전쟁

    20세기 이후 미국 달러는 제왕 대접을 받았다. 18세기와 19세기에 걸쳐 세계 경제를 이끌었던 영국 파운드화를 밀쳐내고 제왕의 자리에 올랐다고 해도 과언이 아니다.

    미국의 쌍둥이적자와 가계부채로 달러가치는 떨어지고 있지만 다른 국가들은 미국 재무부가 발행하는 국채를 사들였고, 연방준비제도이사회^{FRB}가 찍어내는 달러를 매입했다. '미국경제는 건강하고 튼튼하다'는 믿음과 신뢰가 글로벌 경제주체 사이에서 형성되고 있었기 때문이다.

달러 독점시대의 종언

하지만 국제 경제의 환경이 변하고 있다. 달러의 독점시대가 종말을 맞이하고 있으며, 달러에 대적할 만한 통화들이 세력을 키워가고 있다. 즉, 그 동안 달러가 기축통화 독점시대를 향유했다면 앞으로는 기축통화의 과점寡占시대가 올 것이다. 아니, 이 같은 현상은 지금 '현재진행형'으로 현실이 되고 있다.

기축통화Key Currency는 국가 간의 결제나 금융거래의 기본이 되는 통화를 말한다. 국제금융의 중심이 되는 특정국가의 통화가 기축통화가 되어 금을 대신해 대외준비자산 역할을 한다. 1차 세계대전이 터진 1914년 이전까지는 영국의 파운드화, 1918년부터 1939년까지는 영국 파운드화와 미국의 달러, 1944년 이후부터 현재까지 미국 달러가 기축통화 역할을 수행하고 있다.

2007년 말 기준 국제 외환시장의 하루 평균 거래 중 86%가 달러로 거래되고 있고, 세계 주요 은행의 외환보유액 중 달러표시 자산은 64%를 차지하고 있다. 세계 기축통화로서의 달러 위치는 건재하다고 볼 수 있다. 하지만 달러의 입지가 약화되고 있는 것은 부인할 수 없는 사실이다.

기축통화로서의 달러 위상이 흔들리고 있는 것은 세계 각국이 달러 자산을 다른 통화로 대체하거나 바꾸는 것에서 확인할 수 있다. 기축통화로서의 달러의 입지가 줄어들고 대신 다른 주요 통화의 비중과 역할이 확대되고 있다. 특히 유로화는 유럽지역 통합통화로서의 위상을 더욱 강화해 나가면서 기축통화로서의 임무도 수행할 준비를 하고 있다.

국제통화기금[IMF] 분석 자료에 따르면 2000년 세계 중앙은행의 외환보유액 중 달러비중은 71.1%를 나타냈지만 2007년에는 63.8%까지 떨어졌다. 반면 유로화 비중은 2000년 18.3%에서 2007년에는 26.4%에 달했다.

수출대국으로 올라선 중국 위안화와 세계 2위의 경제대국인 일본 엔화도 기축통화 자리를 노리고 있다.

세계 각국의 달러다변화 시도

세계 최대 달러보유국인 중국은 기회 있을 때마다 외환보유고를 다른 통화로 대체하겠다고 미국 행정부에 으름장을 놓고 있다. 중동 국가들도 달러가치 하락으로 석유나 가스를 수출해 벌어들이는 수입이 줄어들자 불만을 토로하고 있다. 2007년 쿠웨이트와 시리아가 달러화에 자국 통화를 연동하는 페그[peg]제를 폐지했으며, 아랍에미리트연합[UAE]은 달러 페그제[고정환율제도] 폐지를 검토하고 있다. 더 이상 달러에 연연하고 싶지 않다는 뜻이다.

동남아시아에서는 이미 위안화가 제2의 달러화로 기능하고 있으며,

남미공동시장^{페르코수르}의 12개 국가는 무역거래에서 미국 달러화 사용을 줄이고 자국통화 사용을 확대하기로 합의한 상태다.

2008년 10월 브라질의 브라질리아에서 열린 남미공동시장 긴급확대회의에 참가한 아르헨티나, 브라질, 파라과이, 우루과이 등 4개 정회원과 볼리비아, 콜롬비아, 칠레, 에콰도르, 페루, 베네수엘라, 가이아나, 수리남 등 8개 준회원은 달러비중 축소 및 자국통화 사용에 합의했다.

또 중동의 산유국 중에서는 달러 대신 유로화 등으로 원유 결제수단을 바꾸려는 나라들이 속속 등장하고 있다. 2007년 말 이란 정부는 석유를 팔 때 달러를 받지 않겠다고 선언했다. 한국도 외화다변화를 검토하고 있다는 발언으로 미국 정부의 심기를 건드리고 있다.

그럼 다른 나라들이 왜 보유하고 있는 달러를 다른 통화로 다변화하려는 것일까? 미국경제에 대한 신뢰가 깨지고 있고, 달러가치 하락이 지속될 것이라는 불안감이 확산되고 있기 때문이다.

달러를 보유하고 있는 국가들은 달러가치가 떨어지면 나중에 달러를 팔 때 제값을 받을 수 없다. 가령 1달러의 가치가 2,000원에서 1,000원으로 떨어질 경우 이전에는 10만 달러를 팔면 2억 달러를 받을 수 있었지만 나중에 팔면 10만 달러를 매각해 1억 달러만 받게 된다. 달러가치 하락이 지속될 경우 달러를 보유하고 있는 것 자체만으로 앉아서 손해를 보게 된다. 세계 각국이 달러다변화를 검토하고 있거나 혹은 실제로 행동에 옮기고 있는 것은 이 같은 이유에서다.

노벨상 수상자인 조셉 스티글리츠 미국 컬럼비아대 교수는 "전 세계 외환보유 시스템에 이상이 생겼다"면서 "외환보유고에서 달러를 제외시키려는 움직임이 달러가치 하락을 더욱 부추길 수 있다"고 지적했다. 또 제프리 프렝켈 하버드대 교수는 그의 논문에서 '달러약세 기조가 지속되면 2022년에는 달러가 기축통화로서의 지위를 잃을 가능성이 있다'고 경고하기도 했다.

물론 달러 이외의 통화가 또 다른 기축통화로서 부상하기에는 오랜 시간이 걸린다. 100년 이상 독주해 온 달러의 위치가 쉽게 붕괴되거나 무너지지는 않을 것이다. 2007년 말 기준 국제 외환시장에서 하루 평균 달러 거래규모는 3조2,000억 달러로 전체 거래의 86%를 차지하고 있을 정도로 달러의 입지는 여전히 확고하다. 하지만 미국경제의 성장동력이 힘을 소진하고 있는 반면 일본과 유럽, 중국을 포함한 신흥국가, 석유로 무장한 중동국가가 경제규모를 확대하며 달러를 위협하고 있다. 기축통화 과점시대의 도래는 시간문제일 뿐이다.

달러에 대항하는 중국 위안화

중국의 저명한 교수와 석학들은 미국 발發 금융위기가 미국경제패권을 무너뜨리고 중국경제와 위안화 위상을 확립할 수 있는 절호의 기회라고 강조한다. 1930년대 미국의 대공황, 1990년대 일본의 장기불황에 비춰볼 때 미국경제는 향후 10년가량 정체되거나 성장률 하락에 직면할 가능성이 높다는 설명이다.

중국학자들은 현재 국제무역 결제수단으로 사용되고 있는 달러와 유로화에 이어 위안화가 글로벌 경제의 기축통화가 될 수 있도록 국제화를 추진하는 한편 달러 독주체제에 반기를 들어야 한다고 목청을 높이고 있다.

탕민 중국발전연구기금회 부비서장은 "미국에서 초래된 금융위기는 장기적인 중국의 경제발전전략을 고려할 때 100년에 한번 올까 말까 한 기회가 될 수 있다"고 단언하기도 했다. 실제 미국이 금융위기로 깊은 수렁에 빠져 있는 동안 중국은 수출을 통해 축적한 에너지를 바탕으로 행동반경을 넓히고 있다.

세계 경제에서 차지하는 중국의 국내총생산GDP 비중은 1978년 1.8%에서 2007년 6.0%로 상승했으며, 독일과 세계 1위 수출국 자리를 다투고 있다.

원자바오 중국 총리는 2008년 10월 모스크바를 방문해 블라디미르 푸틴 러시아 총리에게 '반反달러전선'을 구축하자는 제안을 했다. 원자바오 총리는 '새로운 국제 금융질서를 구축해야 할 시간이 다가오고 있다. 새로운 국제 경제 질서에서는 개도국의 발언권이 강화되고 달러이외의 다른 통화도 함께 사용하도록 국제통화시스템을 다변화해야 한다'고 주장했다.

러시아도 흔쾌히 동의했다. 푸틴 총리는 "오늘날 전 세계가 달러로 큰 고통을 받고 있다. 중국과 러시아간 무역을 촉진하고 교역결제를 개선하기 위해 자국통화를 더욱 많이 활용하자"고 제안했다. 또 러시아 VTB은행의 바팀 푸시카레프 이사회 의장은 "달러 단일체제 시절은 종식되고 있다. 수년 내 루블화가 세계 3의 기축통화가 될 것이다"라고 자신하고 있다.

20세기 동·서 냉전시대에 정치적 신념과 이데올로기로 공동전선을 구축했던 중국과 러시아가 공동의 경제적인 목적을 위해 연합전선을 다시 형성하고 있는 것이다.

중국과 러시아는 달러를 기축통화로 하는 국제통화 체제를 개편하기 위해 무역대금 결제 시 위안화나 루블화를 사용하는 방안을 추진하기로 했다. 달러가치 변동에 따라 국제통화시스템 자체가 흔들리는 현실을 더 이상 방관하지 않겠다는 의미를 담고 있다.

중국은 2조 달러에 달하는 외환보유액과 연간 10%의 경제성장률을 무기로 '반反달러전선'의 선봉장 역할을 자임하고 있다. 19세기 서구 열강의 침략과 아편전쟁^{1840~1860}으로 세계무대의 변방 신세로 전락했던 중국이 경제대국의 깃발을 휘날리며 미국 달러 체제에 반기를 들고 있다. 화교華僑경제권을 구축해 달러 체제에 대항하고 있는 중국은 대만과도 무역대금 결제수단을 미 달러 대신 양안兩岸통화로 대체하는 방안을 계획하고 있다.

다중 결제통화 체제

국제 금융질서를 달러 단일 체제에서 다중 결제통화 체제로 전환해 미국 달러의 기축통화 위상을 흔들겠다는 계산이다.

스젠쉰石建勛 중국 퉁지同濟대 경제학 교수는 "침울한 금융위기의 현실 속에서 사람들은 미국이 달러화의 지배적 지위를 이용해 세계의 부를 착취해 왔다는 사실을 깨닫게 됐다. 이제 세계는 미국이 국제 경제에서 차지해 온 지배적 지위와 달러화의 지배에서 벗어나야 한다"고 주장했다.

이 같은 중국과 러시아의 반反달러 기류는 신흥국가 및 중동, 남미국가로도 빠르게 확산되고 있다. 중남미 국가들은 무역거래에서 자국통화 사용을 확대하고 있으며, 사우디아라비아 등 6개 중동국가로 구성된 걸프협력기구GCC도 2010년까지 단일통화를 출범시킬 계획이다.

국제통화 체제에 '화폐전쟁'의 전운이 감돌고 있다. 금융위기와 신용경색으로 수세에 몰린 미국을 향해 일본과 중국, 러시아, 신흥국가, 중동국가, 남미국가 등이 공동의 연합전선을 형성해 협공에 나서고 있다.

달러본위 체제의 취약성과 허점을 알아차린 세계 국가들이 미국에 'No'를 외치며 달러 단일 체제를 거부하고 있다. 미국 경제패권에 균열이 생기고 있다는 증거이다.

08. 새로운 국제금융시스템

국제금융시스템에서 달러 위상이 위협받기 시작하자 새로운 국제통화시스템을 모색해야 한다는 주장이 힘을 얻고 있다. 달러가치에 따라 글로벌 금융시장이 크게 흔들리는 등 불안정성이 증폭되고 있는 만큼 달러가치에 휘둘리지 않는 통화시스템을 만들어야 한다는 것이다.

달러가치는 유로화, 엔화, 위안화 등과 같이 다른 국제통화에 비해 가치가 현저하게 떨어지고 있다.

2008년 7월 기준 달러화는 유로화 가입 15개국의 공동 통화인 유로화에 대해 장중 한때 1.6038달러를 기록했다. 이는 지난 1999년 유로화가 도입된 이후 가장 낮은 수준이다. 세계 경제에서 달러의 파워가 약해지고 있는 반면 유로화는 힘을 얻어가고 있다는 것을 나타낸다.

일본 엔화와 중국 위안화도 달러에 비해 가치가 지속적으로 상승하고 있는 것은 두말할 것도 없다.

마라톤대회에서 1등자리를 고수했던 달러가 2등, 3등, 4등 선수들에게 바짝 추격당하고 있는 형국이다. 세계의 각국 중앙은행들이 외환보유고를 달러 대신 유로화, 엔화 등과 같이 다른 통화로 바꾸고 있는 것은 이 때문이다.

'국부國富펀드' 들도 이 같은 글로벌 흐름에 동참하고 있다. 국부펀드Sovereign Wealth Fund는 정부가 외환보유액과는 별도로 재정흑자 등 외화잉여자금을 재원으로 조성해 수익성 위주로 운용하는 펀드다. 우리가 익히 알고 있는 일반펀드는 자산운용사가 고객들로부터 자금을 모집해 펀드를 운용하지만, 국부펀드는 국가가 조성한 자금을 재원으로 전 세계에 걸쳐 투자를 한다. 국부펀드는 장기간 자금이 묶이더라도 보다 높은 수익률을 거둘 수 있는 고수익채권이나 주식, 부동산 등에 투자한다.

2008년 7월 기준 걸프지역 국부펀드의 달러화 보유비중은 1년 전에 비해 80%에서 60%로 크게 감소했다. 중동의 국부펀드인 카타르투자청QIA은 투자처를 미국에서 유럽으로 변경해 투자대상을 물색하고 있으며, 중국 외환관리국SAFE은 미국이 아닌 유럽 사모펀드들과 투자를 공동으로 유치하는 방안을 검토하고 있다. 중국 외환관리국은 앞으로 유럽계 사모펀드들과 공조해 달러를 거래통화로 하지 않는 펀드에 투자할 계획이다.

이는 중동국가와 중국이 미국 연방준비제도이사회^{FRB}와 재무부의 금융정책에 의문을 제기하고 있으며, 달러가치의 하락을 우려하고 있다는 것을 의미한다.

본격화되는 통화통합

글로벌 기축통화로서의 역할에 의문이 제기되고 있는 달러화에 대항하기 위해 세계 각국 정부의 '금융협력' 및 '통화통합' 논의도 본격화되고 있다.

한국, 중국, 일본을 포함한 아시아 10개국 정상들은 2008년 10월 중국 베이징에서 열린 '동남아시아국가연합^{ASEAN}+3' 비공식 조찬회의에서 2009년 상반기까지 800억 달러의 치앙마이 이니셔티브CMI 다자화 공동기금을 조성하기로 합의했다.

아시아 공동기금이 조성되면 회원국 중 특정국가가 지급불능이나 파산상태에 빠지더라도 더 이상 국제통화기금^{IMF}에 손을 벌리지 않아도 된다. CMI 다자화 공동기금에서 조성한 자금을 이들 국가에 빌려주고 나중에 상환을 받으면 된다. 미국 주도로 운영되는 IMF에서 탈피해 '아시아의 IMF'가 탄생하는 것이다.

그 동안 아시아 맹주盟主 자리를 놓고 서로 대립했던 일본과 중국이 아시아 공동기금 마련에 뜻을 같이 하기로 한 것은 취약해진 달러본위 체제에 대비한 조치가 필요하다는 위기의식이 반영된 것이다.

한국과 중국, 일본이 미국 발(發) 금융위기를 계기로 공동기금을 마련하는 등 발언권을 높이고 있는 것은 경제성장에 대한 자신감 때문이다.

세계 경제에서 한국과 중국, 일본이 차지하는 비중은 절대적이다. 국제통화기금(IMF) 분석 자료에 따르면 1980년 한·중·일이 전 세계 국내총생산(GDP)에서 차지하는 비중은 13.3%에 불과했지만 2007년에는 15.8%로 비중이 커졌고, 2013년에는 17.4%로 확대될 전망이다.

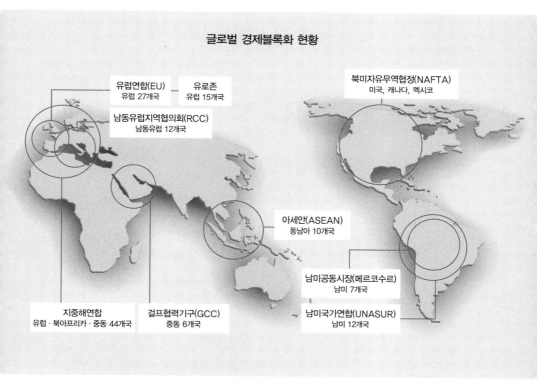

글로벌 경제블록화 현황

유럽연합(EU)
유럽 27개국

유로존
유럽 15개국

남동유럽지역협의회(RCC)
남동유럽 12개국

북미자유무역협정(NAFTA)
미국, 캐나다, 멕시코

아세안(ASEAN)
동남아 10개국

남미공동시장(메르코수르)
남미 7개국

남미국가연합(UNASUR)
남미 12개국

지중해연합
유럽·북아프리카·중동 44개국

걸프협력기구(GCC)
중동 6개국

1980년 이들 3개국의 GDP 합계는 1조4,327억 달러에 불과했지만 2007년에는 8조6,315억 달러로 6배나 늘어났다. 2013년에는 2007년의 2배에 가까운 14조3,801억 달러에 이를 것으로 예상된다.

GDP뿐만 아니라 외환보유액에서도 이들 3개국의 높아진 위상을 실감할 수 있다. 한·중·일 3개국이 보유한 외환보유액은 3조 달러를 넘는다. 2008년 9월 말 기준 중국이 1조9,056억 달러, 일본이 9,958억 달러, 한국이 2,397억 달러의 외환보유액을 자랑한다.

주변국들의 반란

외환보유액 세계 1, 2위인 중국과 일본이 미국 달러나 국채를 시장에 내다팔 경우 달러가치는 급락하고, 글로벌 금융시장은 걷잡을 수 없는 혼란에 빠지게 된다. 미국이 한국과 중국, 일본의 공동기금 조성이나 경제통합, 통화통합 시도에 알레르기 반응을 보이고 있는 것은 미국경제에 미칠 파장과 영향력을 알고 있기 때문이다.

아시아 지역 이외에서의 '경제블록화' 및 '통화통합'도 속도를 내고 있다. 2008년 7월 EU 27개국과 대서양 지중해 연안에 있는 중동·북아프리카 국가 17개국 등 총 44개국이 참여하는 '지중해 연합'이 깃발을 올렸다. 기독교 중심의 유럽과 이슬람교를 근간으로 하는 중동 국가가 종교 갈등과 차이를 뒤로 하고 초대형 경제블록을 탄생시킨 것은 미국 달러 체제를 더 이상 신뢰할 수 없다는 위기의식에서 비롯된 것이다.

미국 바로 아래에 위치한 라틴아메리카에서는 남미 12개국이 2008년 5월 남미국가연합 UNASUR을 출범시켰다. 남미국가연합은 남미공동시장메르코수르 회원국인 아르헨티나, 브라질, 파라과이, 우루과이 등과 안데스공동체CAN 회원국인 볼리비아, 콜롬비아, 에콰도르, 페루 등을 모두 포함한다. 원유, 고무 등 풍부한 천연자원으로 무장한 이들 국가는 미국 달러가치에 따라 천연자원 가격이 급변하고, 경제성장률이 결정되는 현재의 달러본위 체제에 저항하겠다는 의지를 불태우고 있다.

남미의 양대 경제대국인 브라질과 아르헨티나는 2008년 6월 양국 간 무역거래에서 미국 달러 대신 서로 자국 통화를 결제수단으로 사용하기로 최종 합의해 남미 단일통화 창설을 위한 기반을 마련했다. 유럽 국가들이 1999년 유로화를 탄생시킨 것처럼 남미국가연합이 그들만의 단일통화를 창설하는 것은 당장 실현가능성은 낮다고 볼 수 있지만 시간문제로 다가오고 있다.

'검은 황금'을 생산하는 중동 국가들은 '오일 블록'을 구축하고 있다. 사우디아라비아, 아랍에미리트, 쿠웨이트 등 걸프협력기구GCC 6개국은 2010년까지 단일통화를 출범시키기로 했으며, 최종적으로는 유럽연합EU과 같은 경제공동체를 설립한다는 계획이다.

현재 원유는 기축통화인 달러로 결제된다. 달러가치가 떨어지면 원유가격도 함께 하락하기 때문에 중동국가의 경제는 큰 고통을 겪게 된

다. 달러가치 하락이 역사적인 추세로 굳어지고 있는 상황에서 중동국
가들은 대응방안을 모색할 수밖에 없고, 경제공동체 구성이 대안으로
떠오르고 있는 것이다. 달러본위 체제에 휘둘리거나 좌우되지 않겠다
는 의미이다.

달러본위 체제를 신랄하게 비판하면서 새로운 국제통화시스템을 마
련해야 한다고 주장하는 인물의 선두주자가 마하티르 빈 모하맛 전[前]
말레이시아 총리이다. 그는 1997년 말레이시아 금융위기 때 국제통화
기금[IMF]식 구제 금융을 단호히 거부하고 말레이시아 식 대처방식으로
위기를 탈출한 경험을 갖고 있다. 마하티르 전 총리는 다음과 같이 주
장한다.

"미국의 금융시스템은 실패했다. 세계적인 금융위기에 대처하기 위
해서는 새로운 국제금융시스템을 만들어야 한다. 미국 달러화는 우리
가 생각하는 것만큼 안정적이지 않다는 것이 증명되었다. 아시아 지역
에서 통용될 수 있는 단일통화가 필요하다. 미국이 이끄는 달러본위
체제는 수명을 다하고 있으며, 글로벌 경제의 다극화 현상은 피할 수
없다."

1999년 노벨 경제학상을 수상한 로버트 먼델 미국 컬럼비아대 교수
도 마하티르 전 총리의 견해에 동조한다. 먼델 교수는 2008년 10월 서
울에서 열린 세계지도자포럼에 참석해 다음과 같이 말했다.

"2008년 금융위기를 계기로 앞으로 10년 이내에 아시아에서 공통
통화 또는 통화연맹이 탄생할 것이다. 2008년 글로벌 금융위기를 통

해 아시아 국가들은 미국에 의존하지 않고 자체적으로 통화문제를 해결해야 할 필요성을 실감하게 되었다. 단기간에 아시아에서 단일통화가 나오기는 힘들겠지만 공통통화는 충분히 가능하다고 본다."

달러본위 체제에 맞서는 지역별 단일통화 및 공통통화를 만들어야 한다는 주장과 함께 미국이 주도하는 국제통화기금IMF 체제 자체를 변혁하고 개혁해야 한다는 목소리도 거세지고 있다.

종이호랑이 '미국 달러'

2차 세계대전이 끝나기 직전인 지난 1944년 브레튼우즈 협정에 따라 출범한 IMF는 전후 국제 금융질서를 재건하는 데 큰 역할을 수행해 왔지만, 21세기 들어 글로벌 금융위기에 효율적으로 대처하지 못한다는 비판을 받고 있다.

IMF 운영방식에 미국의 입김이 지나치게 반영되고 있고, 신흥국가들의 경제위기에 개별 국가의 특수성을 고려하지 않고 천편일률적으로 미국 식 처방을 내놓는다는 비판도 거세지고 있다. 특히 IMF 운영자금이 2,000억 달러에 불과해 글로벌 금융위기를 해결하는 데에는 한계가 있다는 지적도 일고 있다. IMF가 '종이호랑이'로 전락하고 있다는 것이다.

사르코지 프랑스 대통령은 'IMF가 전 세계 금융시장 위협에 효율

적으로 대처할 수 있도록 금융시스템을 전면적으로 뜯어 고쳐야 한다'
고 비판했으며, 고든 브라운 영국 총리는 'IMF체제는 21세기 경제 상
황에 맞지 않기 때문에 근본적인 개혁을 통해 '신新브레튼우즈' 체제를
만들어야 한다'고 주장하고 있다.

IMF는 세계은행WB과 함께 1944년부터 글로벌 경제를 지탱하는 주
춧돌 역할을 수행해 왔다. 특정국가가 지불불능상태에 빠져 경제파탄
에 직면할 경우에는 IMF가 조성한 자금을 이들 국가에 빌려줘 경제 재
건을 지원했다. 한국도 1997년 IMF 구제 금융을 받고 기사회생한 경
험을 갖고 있다.

하지만 IMF는 글로벌 파생상품시장을 제어하지 못하는 등 지나치게
금융규제를 완화시켰고, 현재 남아 있는 IMF 기금도 2,000억 달러에
불과해 글로벌 금융위기에 대처하는 데 한계를 지니고 있다는 비판을
받고 있다.

국제 금융시장 전문가들은 브라질, 아르헨티나, 터키, 헝가리, 파키
스탄 등과 같이 경제규모가 큰 국가나 신흥시장 국가에서 유동성 문제
가 발생할 경우 IMF가 손도 제대로 쓰지 못하는 사태가 발생할 가능성
이 있다고 우려하고 있다.

사이먼 존슨 전前 IMF 수석이코노미스트는 "IMF가 국제적 금융위
기에 적극적으로 대처하기 위해서는 2조 달러의 자금이 필요하다"며
"IMF가 2008년 10월 현재 보유하고 있는 2,000억 달러의 자금으로
는 제대로 된 역할을 수행하기가 힘들다"고 지적했다.

용도 폐기된 IMF

IMF 개편방안의 하나로 떠오르는 것이 '슈퍼 IMF'를 만드는 것으로 기존 IMF의 기능과 권한을 대폭 강화하고, 미국과 유럽 중심의 지배구조를 개편하는 것이다.

IMF 회원국은 185개로 원칙적으로 '1국가 1표'를 표방하지만 실질적으로는 분담금 비중이 높은 미국과 유럽이 주도하고 있는 것이 현실이다. 미국 등 선진국의 입김이 반영되는 대신 신흥국가들의 입지는 좁아지고 있다. 글로벌 경제에 대한 진단과 처방이 미국과 유럽식으로 이루어지는 것은 결코 이상한 일이 아니다. 신흥국가는 물론 유럽 국가들이 IMF의 문제점을 인식하고 신新IMF체제를 주장하는 것은 이 같은 이유에서다.

2008년 10월 기준 IMF에 대한 분담금 규모는 미국이 371억 달러로 전체의 17.1%를 차지한다. 이어 일본 133억 달러(6.13%), 독일 130억 달러(5.99%), 영국 107억 달러(4.94%), 프랑스 107억 달러(4.94%), 중국 81억 달러(3.72%) 등이며 나머지 유럽 국가가 23.6%를 분담한다. 반면 회원국이 가장 많은 아프리카는 6.4%, 중남미 국가는 6.4%, 한국은 1.35%(29억 달러)에 불과하다. 미국과 유럽이 전체 분담금의 62%를 차지하다 보니 역대 IMF 총재는 벨기에, 스웨덴, 프랑스, 네덜란드, 독일, 스페인 등 모두 유럽 출신 일색이다.

제프리 삭스 미국 컬럼비아대 교수는 IMF의 기능을 지금보다 더 확

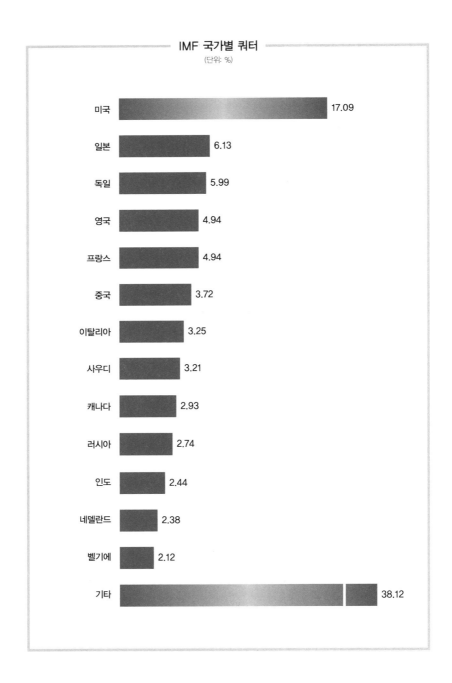

IMF 국가별 쿼터

(단위: %)

국가	쿼터
미국	17.09
일본	6.13
독일	5.99
영국	4.94
프랑스	4.94
중국	3.72
이탈리아	3.25
사우디	3.21
캐나다	2.93
러시아	2.74
인도	2.44
네델란드	2.38
벨기에	2.12
기타	38.12

대시켜 금융시장 안정을 위한 포괄적인 감시권을 가져야 한다고 주장한다. 또 헤지펀드 등 투기세력까지 감시하고 나아가 벌금이나 세금을 매길 수 있도록 해 이를 기금으로 활용해야 한다고 지적한다.

이 같은 방안에 대해 프랑스, 영국 등 유럽연합 국가들이 적극 찬성하고 있지만, 미국은 전면적인 규제강화보다는 부분적인 보완만으로 충분하다며 반대 입장을 보이고 있다.

유엔UN도 미국과 IMF를 압박하고 있다. 유엔은 국제 금융시스템 개편을 연구할 태스크포스TF를 만들었으며, 태스크포스를 이끌 인물로 노벨 경제학상 수상자인 조지프 스티글리츠 미국 컬럼비아대 교수를 선정했다. 미구엘 데스코토 브로크만 유엔총회 의장은 '세계적 경제기관과 경제 전문가들로 구성될 태스크포스가 향후 회원국들이 취해야 할 공조방안을 제시하게 될 것'이라며 'IMF와 세계은행WB의 역할을 재검토하는 것이 태스크포스의 주된 임무가 될 것'이라고 강조했다.

우리에게는 『역사의 종언』이라는 책으로 널리 알려진 프랜시스 후쿠야마 존스홉킨스대 교수는 다음과 같이 IMF 체제의 종언을 설명한다.

"IMF, 세계은행 같은 기존 브레튼우즈 체제 아래에서 만들어진 국제기구로는 현재 발생하고 있는 글로벌 경제이슈를 감당하기 힘들다. 아시아에는 유럽연합EU이나 북대서양조약기구NATO에 견줄만한 다자기구가 없는 것이 현실이다. 동북아에 6자 회담을 넘어서는, 포괄적이면서 상설적인 안보기구가 필요하며 유동성을 관리할 새로운 경제제도

구축도 절실히 요구된다."

기존 IMF체제를 고수하기를 원하는 미국에 맞서 유럽과 아시아, 남미, 중동, 신흥국가 등이 공동전선을 형성하며 IMF 이후의 새로운 국제금융시스템을 준비하고 있다.

1944년 만들어진 IMF체제로는 현대의 글로벌 경제와 국제금융 문제에 능동적이고 적극적으로 대처하기에 한계가 있다는 공감대가 확산되고 있다. 미국의 경제패권이 약해질수록, 다른 국가들의 경제파워가 강해질수록 IMF체제의 운명은 점점 종말을 고하게 될 것이다.

I·N·T·E·R·V·I·E·W

글로벌 경제전문가와의 대화

Mark Faber
마크 파버 투자전략가

Robert Shiller
로버트 실러 예일대 교수

Nouriel Roubini
누리엘 루비니 뉴욕대 교수

Jim Rogers
짐 로저스 로저홀딩스 CEO

Robert Mundell
로버트 먼델 칼럼비아대 교수

Interview

Nouriel Roubini

Profile

1958년 터키 이스탄불에서 태어난 누리엘 루비니는 국제통화기금(IMF),

세계은행, 미국 재무부, 백악관경제자문위원회 등에서 이코노미스트와 자문

위원으로 활동해 이론과 실무에 두루 정통하다는 평가를 받았다.

1988년 하버드대에서 경제학 박사를 받았고, 이스라엘은행 연구원, FRB

이코노미스트 등을 거쳐 현재 IMF 학술자문위원회 멤버, 브레튼우즈위원회

위원 등의 직책을 맡고 있다.

지난 2007년 중순, 현재 진행되고 있는 글로벌 경제침체를 누구보다 먼저 예측한 누리엘 루비니 뉴욕대 교수를 만나 인터뷰를 가진 적이 있다. 루비니 교수는 세계 경제학계의 대표적인 '위기론자'로 아시아 금융위기의 해법을 제시해 큰 명성을 얻기도 했다. 또한 지난 1997년 아시아 금융위기 당시에는 국제기구를 통한 해결방안의 기초를 다져 더욱 유명해졌으며, 이후 국제 금융시스템 개혁에 대한 이론적 배경을 공고히 하는 작업에 몰두했다.

특히 최근에는 미국과 여타 국가들의 경제 불균형으로 세계 경제가 큰 위기에 직면할 것으로 내다보는 대표적인 비관론자로 알려지면서 월가에서 열리는 경제 세미나에서는 영순위 섭외대상으로 꼽힐 만큼 유명세를 타고 있다.

뉴욕 맨해튼의 바릭 스트리트에 있는 그의 연구실에서 루비니 교수를 만나 통화, 금리, 국제유가 등 세계 경제 전반에 대해 들어봤다.

미국이 세계 경제 불균형 초래

질문 향후 글로벌 경제를 어떻게 전망하나?

누리엘 루비니 미국 발^發 경기둔화가 세계 경제 성장률을 끌어내릴 것으로 본다. 일부에서는 일본과 유럽의 경제가 살아나는 것을 청신호로 해석하고 있지만 미국 경제둔화가 일본과 유럽의 수출을 감소시키고, 고유가 현상도 지속되면서 향후 세계 경제 전망은 밝지 않을 것으로 예상한다. 금리상승으로 주택시장이 냉각되고 미국경제의 3분의 2를 차지하는 소비마저 위축되면서 성장률을 끌어내릴 것이다.

세계 경제는 최근 3~4년간 견고한 성장률을 기록했고 신흥국가들도 6~7%의 높은 성장을 나타냈지만 미국 경제둔화와 세계 경제 불균형 영향으로 앞으로 세계 경제 성장률은 떨어질 것이다. 수출경제 중심의 한국을 포함한 개도국들이 긴장해야 하는 이유가 여기에 있다.

질문 세계 경제 불균형의 원인은 어디에 있다고 보나?

누리엘 루비니 미국의 쌍둥이적자와 세계 경제에 있어 저축과 투자의 불균형이 문제를 야기하고 있다. 중국과 오일 국가들이 해외에서 벌어들인 돈으로 달러화 자산을 마구 사들이고 있다. 미국 장기채권 수익률이 낮은 수준을 유지할 수 있었던 것은 이 때문이다. 앨런 그린스펀 연방준비제도이사회FRB 의장이 수수께끼라고 표현했던 수익률 하락은 바로 아시아와 오일 국가들이 미국 채권을 먹어치우고 있기 때문이다. 미국은 이자를 갚기 위해 더욱 많은 채권을 발행하고 아시아 국가들은 다시 채권을 사들이는 악순환이 지속되고 있다. 미국의 재정적자가 확대되고 있는 것은 전쟁비용과 감세 등도 원인이지만 채권발행에 따른 상환부담이 가중되고 있기 때문이다. 미국경제의 아킬레스건인 쌍둥이적자는 더욱 확대될 것이다. 지금은 이러한 미 국채 팔고 사주기 전략이 제대로 작용하고 있을지 모르지만 시간이 갈수록 문제점은 노출될 것이며 제대로 대응하지 않을 경우 세계 경제가 큰 위기에 직면할 것이다. 세계 경제 불균형은 점차 현실로 나타나고 있다. 2004년 미국의 경상적자는 6,650억 달러, 2,005년에는 8,500억 달러로 국내총생산GDP의 7%를 차지한 것으로 판단되며 수년 내에 8%를 넘어설 것으로 예상된다. 미국은 적자를 기록하는데 세계 경제는 대규모 흑자를 지속하면서 위험한 줄다리기가 이어지고 있는 꼴이다.

질문 세계 경제를 매우 비관적으로 보는데 그럼 불균형에 따른 위험에 어떻게 대처해야 하나?

누리엘 루비니 세계 경제가 새로운 시스템을 만들고 이를 준수하려는 의지를 보여야 한다. 지금처럼 개별 국가가 자국의 이익만을 추구한 채 금리, 환율, 통화 정책을 전개하기보다는 국제사회가 공동의 협력 체제를 구축해야 한다는 말이다. 미국은 민간저축을 늘려 재정 부담을 줄여야 하고, 일본, 중국 등 아시아와 유럽연합[EU] 국가들은 소비를 진작시켜 내수경기를 활성화시켜야 한다. 특히 아시아 국가들은 자국 통화를 시장가치에 맞게 절상해야 한다. 세계 경제 주체들이 현실경제의 문제점을 제대로 인식하고 대응방안을 서둘러 마련해야 하지만 안타깝게도 새로운 시스템을 구축하기 위한 국가적 차원의 합의는 지극히 힘들 것으로 보인다. 모두들 당장의 자국 경제 이익에 매달려 작은 희생조차 감내하지 않으려고 한다. 미국과 중국, 유럽이 서로 상대방 경제 정책을 비난하며 보호주의 경제정책으로 선회하고 있는 것은 이 같은 현실을 고스란히 보여주고 있는 것이다.

단명할 운명의 달러강세

질문 달러강세가 현실을 제대로 반영하지 못한다는 얘기인가?

누리엘 루비니 그렇다. 미국의 경상적자를 개선시키기 위해서는 달러가치가 떨어져야 한다. 하지만 최근 상황을 보면 미

국의 쌍둥이적자가 사상 최대를 기록하고 있지만 달러가치
는 오히려 강세를 나타내는 기이한 현상이 나타나고 있다.
앞에서 언급한 것처럼 외국자본이 미국 자산을 사들이고 있
기 때문이다. 이는 일시적인 현상에 그칠 것이다. 다른 국가
들이 점점 미국 자산에 대한 투자를 망설이거나 달러자산을
팔아치울 때가 올 것이다. 미국경제의 산적한 문제점을 세
계 경제가 점점 인식할 수밖에 없게 될 것이다. 앞으로 달러
가치는 아시아, 유럽 통화에 비해 떨어질 것으로 본다. 현재
미국의 대외부채는 국내총생산GDP의 25%이고 2010년에는
50%에 달할 것으로 예상된다. 이러한 상황에서 세계 경제
가 미국 자산을 계속 사들이는 일이 지속될 수는 없다. 미국
경제에 대한 회의론이 확산되고 있다.

현재 해외 은행들의 미 국채 보유는 전체 발행물량의 53%
에 달한다. 기관 투자자보다는 해외 중앙은행이 미 국채를
사들이고 있는데 다분히 정치적인 목적이 깔려 있다. 지금
까지 아시아 국가들은 중앙정부가 인위적으로 시장에 개입
해 자국통화가치를 관리했는데 지금은 미국의 장기채권 수
익률을 간섭하고 있는 상황이 나타나고 있다. 이는 미국경
제를 바라보는 다른 국가들이 시각교정에 들어갔다는 것을
의미한다. 해외 중앙은행들은 달러자산에 대한 수요를 줄일
것이고 중국이 위안화를 평가 절상하면서 아시아 국가들의

통화가치도 올라갈 것이다.

질문 미국 금리와 함께 중국 위안화 평가 절상이 글로벌 이슈가 될 전망이다. 어떻게 보는가?

누리엘 루비니 중국경제의 연착륙 우려에도 불구하고 통화가치 재조정은 거스를 수 없는 대세로 굳어지고 있다. 미국 행정부와 의회는 물론 유럽과 국제통화기금IMF까지 나서서 평가 절상 압력을 강화하고 있는 상황에서 사상 최대의 대미 무역흑자를 기록하고 있는 중국이 손을 놓고 있을 수만은 없다. 따라서 수년 내에 10~15%의 평가 절상에 나설 것으로 본다. 이 경우 달러 대비 통화가치가 저평가된 일본 등 아시아 국가들의 통화가치도 절상될 것이다. 일본, 대만, 말레이시아 등 아시아 국가들도 10% 이상의 자국통화 절상을 감수해야 할 것이다. 이처럼 아시아의 통화가치가 높아지고 달러약세가 현실화될 경우 달러자산을 보유한 아시아, 유럽 국가들은 자산을 달러에서 다른 통화로 교체하는 등 포트폴리오 재조정 작업에 돌입할 것이다.

질문 글로벌 금융시장의 변동성이 커지고 있다. 일시적인 요동인가, 아니면 대혼란의 전조인가?

누리엘 루비니 지난 2001년 9·11테러와 엔론의 회계부정,

2003년 미국의 이라크 침공, 2005년 제너럴모터스^{GM} 등 미국 자동차회사의 신용 강등 등은 모두 단기적인 혼란에 지나지 않았다. 국제 금융시장의 구조적인 위험은 지난 10년 동안 단 2건 있었는데 1998년의 롱텀캐피털매니지먼트^{LTCM} 부실사태와 2000년의 인터넷 기술주 붕괴 때가 바로 그것이다. 나는 최근 국제 금융시장이 전자와 같이 일시적인 혼란에 그치지 않고 오랫동안 지속되는 구조적인 위험에 빠질 가능성이 높다고 본다.

질문 미국경제가 글로벌 경제에 어떠한 영향을 미칠 것으로 보나?

누리엘 루비니 미국의 서브프라임 모기지$^{비우량 주택담보대출}$ 부실이 주택시장뿐 아니라 사모펀드, 헤지펀드, 투자은행 등으로 연쇄적으로 충격이 확산되고 있는 것에 주목해야 한다. 물론 다른 지역 국가들의 경제성장은 확연히 나타나고 있지만 미국경제에는 암운이 드리우고 있고 이는 세계 경제에도 악영향을 미칠 것이다. 만약 미국경제를 지탱하는 소비마저 흔들리면서 성장둔화 차원을 넘어 경착륙 국면에 빠져들 때에는 국제 금융시장은 더 큰 혼란에 빠질 것이다.

질문 그럼 아시아경제도 1990년대 중반과 같은 금융위기로 내몰릴 수 있다는 얘기인가?

누리엘 루비니 그렇다. 아시아경제가 새로운 형태의 금융위기에 처할 수 있다. 아시아 국가들은 1990년 외환위기 이후 달러자산을 사들이는 형태로 자국통화의 평가 절상을 인위적으로 방어하고 있는데 이제는 오히려 넘쳐나는 외화자금 유입으로 금융시장에 풀린 통화를 흡수하는 데 어려움을 겪고 있다. 시간이 지날수록 중국을 포함한 아시아 국가들의 인플레이션 압력은 가중될 것이고 이는 금리인상 요인으로 작용하게 될 것이다. 외환위기 이후 아시아 국가들은 자국통화의 평가 절하가 정당화될 수 있었지만 이제는 호전된 경제여건을 반영해 평가 절상을 해야 할 상황이다. 글로벌 경제의 불균형은 아시아 국가들의 왜곡된 환율정책에 상당 부분 기인한다.

질문 **신흥국가의 금융시장 혼란을 우려하는 목소리가 높아지고 있는데, 어떻게 생각하나?**

누리엘 루비니 중국과 미국의 성장둔화는 빠르게 전파되는 전염성을 가지고 있으며 신흥시장이 큰 혼란에 휩싸일 것이다. 이는 다시 파장을 일으켜 선진국 경제에 타격을 주는 등 글로벌 경제의 악순환 사이클이 이어질 가능성이 높다. 지난 1997년 아시아 금융위기 당시 홍콩 등 아시아 증시 폭락이 미국 증시 급락으로 이어졌는데 최근 이 같은 움직임이 재현되고 있는 현상에 주목할 필요가 있다. 또 1998년 러시아 금융위기로 헤지펀드인 롱텀캐피털매니지먼트^{LTCM}가 파산하고 미국 금융시장 전체가 크게 출렁거린 데서도 알 수 있듯이 신흥국가의 금융위기는 선진국을 포함한 글로벌 경제의 위기로 연결되는 뇌관이 될 수 있다.

I·N·T·E·R·V·I·E·W

글로벌 경제전문가와의 대화

Mark Faber
마크 파버 투자전략가

Robert Shiller
로버트 쉴러 예일대 교수

Nouriel Roubini
누리엘 루비니 뉴욕대 교수

Jim Rogers
짐 로저스 로저홀딩스 CEO

Robert Mundell
로버트 먼델 컬럼비아대 교수

Interview

Jim Rogers

Profile

1942년 10월 미국 앨라배마주 데모폴리스에서 태어나, 예일대에 장학생으로 입학했다. 예일대학 졸업 후, 옥스퍼드의 밸리올 칼리지(Balliol College)에 진학해 정치 경제 철학을 공부했다. 이후 군복무를 마치고 월스트리트에서 일하다가, 1969년 조지 소로스와 함께 퀀텀펀드를 공동 설립해 경이적인 수익률을 올렸다. 37세에 은퇴해 자신의 투자펀드를 운용하고 있는 세계적인 투자가이다.

뉴욕 월스트리트와 영국 시티오브런던 금융가는 수명을 다했다. 세계 금융의 중심지가 미국과 영국에서 아시아로 빠르게 이동하게 될 것이다.

－짐 로저스

271

세계적인 투자가 짐 로저스 로저스홀딩스 최고경영자는 '19~20세기에 걸쳐 글로벌 경제를 이끌었던 영국과 미국의 경제패권이 21세기에는 중국 등 아시아로 옮겨가게 될 것'이라며 '주식과 채권투자의 시대는 저물고 상품투자가 다시 각광을 받게 될 것'이라고 말했다. 로저스 CEO는 투자의 대가 조지 소로스와 글로벌 투자회사인 퀀텀펀드를 공동 설립해 경이적인 수익률을 올린 인물로 명성을 얻고 있다.

1999년 노벨경제학상을 수상한 로버트 먼델 미 컬럼비아대 교수는 '한국 정부는 원·달러 환율안정에 경제정책의 최우선순위를 두어야 한다'며 '이명박 대통령은 새로운 국제통화시스템의 필요성에 대해 목소리를 높여야 한다'고 말했다.

2008년 11월 11일 서울국제금융컨퍼런스 참석 차 방한한 짐 로저스 로저스홀딩스 CEO와 로버트 먼델 미 컬럼비아대 교수를 만나 글로벌 경제 및 달러가치의 방향성, 국제통화시스템의 문제점, 한국 경제의 현주소 등에 대해 들어봤다.

질문 **미국 투자은행이 몰락하고 있고, 맨해튼 월스트리트는 붕괴되고 있다. 어떻게 봐야 하나?**

짐 로저스 세계 경제의 패권이 아시아로 이동하고 있다. 채권 등 투자자산이 중국, 일본, 한국, 대만 등 아시아 국가로 향하고 있으며 미국과 영국은 옛날의 화려했던 영광을 아시아에게 물려주어야 할 것이다. 그 동안 글로벌 경제패권을 장악하고 있었던 서구권 국가의 파워가 쇠약해지고 반대로 변방에 머물러 있었던 아시아 국가들이 금융 중심지로 부상할 것이다.

질문 **글로벌 경제의 패권이동이 나타나고 있다는 얘기인가?**

짐 로저스 그렇다. 영국경제가 19세기를 지배했고, 미국이 20세기의 영광을 누렸다면 21세기는 자유 시장경제를 빠르게 소화하고 있는 중국의 시대가 될 것이다. 나는 지난 3년 동안 세계 일주를 하면서 116개 국가를 돌아다녔는데 이 같은 글로벌 경제의 흐름을 읽을 수 있었다. 중국은 앞으로 세계에서 두 번째로 큰 경제규모를 자랑하는 대국이 될 것이며 성장세는 앞으로 더욱 속도를 낼 것이다. 중국은 뿌리 깊은 공산주의의 잔재를 청산하고 자본주의 시스템을 신속하고도 효율적으로 받아들이고 있다. 중국은 벌어들이는 돈의 35%를 미국에 투자하고 있지만 미국은 수입의 2%만 중국에 투자할 뿐이다. 중국은 현재 위대한 국가로 가는 과정에 있으며 주식과 부동산시장 냉각은 일시적인 성장통으로 볼 수 있다. 한국은 중국경제의 급부상을 전략적으로 이용할 수 있는 능력을 갖추어야 한다.

나는 여러분들에게 조언을 하고 싶다. 자녀에게 중국어를 가르쳐야 한다. 아마 자녀의 일생에서 가장 중요한 일이 될 것이다. 나에게는 늦둥이 딸아이가 있는데 중국인 보모를 고용해 일상 대화는 중국어로 하도록 하고 있다. 딸아이는 영어와 중국어를 완벽하게 구사한다. 우리 가족이 싱가포르로 이사를 한 것도 아이들에게 중국어를 가르치기 위해서다. 중국의 시대가 눈앞에 다가올 것이다.

질문 기축통화인 달러의 위상이 심상치 않다. 향후 달러가치를 어떻게 전망하나?

짐 로저스 지금 달러를 보유하고 있다면 서둘러 처분해야 한다. 나는 달러자산을 이미 매도하고 있다. 1987년 미국은 세계 최대의 채권국이었지만 지금은 13조 달러의 채무를 안고 있는 세계 최대의 채무국으로 전락했다. 더욱 암울한 현실은 15개월마다 1조 달러씩 채무가 늘어난다는 사실이다. 미국의 부채는 통제 불가능한 수준이다. 한국 등 우방 국가는 미국경제의 패권이 쇠약해지는 현실을 인식하고 대응방안을 강구해야 한다. 미 연방준비제도이사회[FRB]가 명목화폐인 달러발행을 늘려 통화팽창 정책을 구사하고 있는 것은 단기적으로 수출증대 등에 효과가 있겠지만 장기적으로 미국경제에 치명타가 될 것이다. 통화팽창을 통해 경기부양을 꾀하는 FRB의 처방은 문제를 악화시킬 뿐이다. 나에게는 2명의 늦둥이 자녀가 있는데 미국 은행계좌가 아닌 스위스은행 계좌에 자녀들의 통장을 개설해 놓았다.

질문 **글로벌 금융위기와 신용경색으로 국제 유동성이 투자처를 찾지 못하고 있다. 당신은 어디에 투자하고 있나?**

짐 로저스 주식과 채권투자는 위험하다. 천연자원, 농산물 등 상품시장에 투자해야 할 시점이다. 채권투자는 1980~1990년대가 정점이었고 앞으로 채권투자로는 별 재미를 못 볼 것이다. 나는 일정 수준의 단기국채는 보유하고 있지만 대부분의 채권은 매각한 상태다. 당신이 채권 펀드매니저라면 다른 직업을 찾아보는 것이 현명할 것이다. 주식은 여전히 고평가되어 있으며 앞으로 수년간 주가 변동성은 확대될 것으로 본다.

질문 **경기침체로 상품가격이 급락하고 있는데 왜 상품시장이 유망하다고 보는가?**

짐 로저스 공급이 수요를 따라가지 못하고 있다. 석유를 수출했던 영국, 말레이시아, 인도네시아, 중국 등이 이미 석유를 수입하고 있거나 앞으로 10년 이내에 석유수입국으로 변하게 된다. 중국·인도 등 아시아 국가들의 석유수요가 꾸준히 증가하고 있는 점을 감안하면 원자재 시장은 앞으로 호황국면에 돌입할 것이다. 1998년부터 올해까지 10년 동안 S&P 주가지수는 소폭 상승한 반면 원자재지수는 213%나 급등했다. 주식 물량은 앞으로 더 늘어나면서 주가하락 요인으로 작용하겠지만 원자재는 물량감소로 가격이 상승할 것으로 본다. 한국 주식시장에 대해서는 다소 긍정적이다. 바닥에 도달했는지는 알 수 없지만 나는 지난 2008년 10월부터 한국 주식을 매입하고 있다.

I·N·T·E·R·V·I·E·W

글로벌 경제전문가와의 대화

Mark Faber
마크 파버 투자전략가

Robert Shiller
로버트 실러 예일대 교수

Nouriel Roubini
누리엘 루비니 뉴욕대 교수

Jim Rogers
짐 로저스 로저홀딩스 CEO

Robert Mundell
로버트 먼델 컬럼비아대 교수

Robert Mundell

Profile

컬럼비아대를 졸업하고, 런던경제대에서 수학한 뒤, 1956년 MIT에서 경제학 박사학위를 취득했다. 1966년부터 1971년까지 MIT에서 교수로 재직했으며, 1974년부터는 뉴욕에 있는 컬럼비아대에서 교수로 활동하고 있다. 그는 유엔본부(UN) 및 IMF, 세계은행, 미 연방준비제도이사회(FRB), 미 재무부 등 세계의 수많은 정부 및 기관, 기업의 자문 역할을 해오고 있으며 유로화의 이론적 출발점이 된 최적통화이론의 아버지로 불린다. 1999년 서로 다른 환율 체제하의 통화·재정정책과 최적통화지역 분석으로 노벨경제학상을 수상했다.

1971년 구축된 달러본위 체제는 힘을 잃고 있다. 달러를 포함해 3~5개의 통화를 혼합하는 복수통화바스켓 시스템을 마련해 국제통화 안전성을 높여야 한다.

−로버트 먼델

질문 한국 경제도 글로벌 신용경색에서 자유롭지 못하다. 한국 정부의 경기부양 정책을 어떻게 평가하나?

로버트 먼델 미국경제의 충격 여파가 아시아 시장으로 확산되고 있다. 한국 정부가 금리를 낮추고 재정을 확대하는 것은 바람직하다고 본다. 무엇보다 한국 정부가 심혈을 기울여야 할 부분은 환율 안정이다. 일본 엔화·유로화·위안화 등도 중요하지만 원·달러 환율안정에 경제정책의 초점을 맞추어야 한다.

별도의 환율안정위원회를 구성해 환율동향을 분석하고 대응전략을 수립하는 것도 좋은 방법이다. 한국 경제에 대해서는 높은 점수를 주고 싶다. 지난 1992년 한국을 처음 방문한 이후 10여 차례 한국을 찾았는데 매번 한국 경제의 성장속도와 잠재력에 놀라게 된다.

질문 달러본위 체제를 대신할 수 있는 신新브레튼우즈 시스템을 만들어야 한다는 목소리가 높다. 가능하다고 보나?

로버트 먼델 사르코지 프랑스 대통령을 비롯해 유럽을 중심으로 국제통화체제를 변화시켜야 한다는 주장이 일고 있다. 백지상태에서 새로운 통화시스템을 만들어야 한다는 목소리가 일고 있는데 이는 불가능하다고 본다. 변화의 필요성에 대해서는 공감하지만 구체적인 수단이나 방법이 없는 것이 현실이다.

질문 그럼 달러본위 체제를 대체할 수 있는 방안은 무엇이라고 보나?

로버트 먼델 일부에서는 금본위 체제로의 복귀를 주장하고 있지만 현실적이지 않다. 금 보유량이 충분하지 않기 때문에 금이 유동성을 가지기는 힘들다고 본다. 미국도 이를 수용하지 않을 것이다. 현재로서는 복수통화바스켓 시스템을 달러본위 체제의 대안으로 강구할 수 있다. 달러를 포함해 3~5개의 통화바스켓을 만들고 이를 기반으로 국제통화시스템을 재정비하는 것이다. 미국과 유로 경제권이 참여하는 것은 물론이다. 무엇보다 중요한 것은 달러와 유로화 간 환율 변동 폭을 줄여주어야 한다. 그렇지 않으면 환율 변동성 확대로 국제통화시스템은 불안정해질 것이고 국제통화시스템 재구축도 힘들어지게 된다. 미국과 EU간에 고정환율을 도입해도 좋을 것으로 본다. 세계 경제의 쌍두마차인 2개 경제세력이 단일통화를 창출하기는 극히 힘들겠지만 달러와 유로화 간에 고정 환율을 적용하는 것은 검토해볼 수 있을 것이다. 한국을 포함한 신흥국가들도 외환운용의 탄력성이 높아진다.

질문 **미국 경기침체로 한국을 포함한 신흥국가들도 불황이 깊어지고 있다. 각국 정부가 어떠한 조치를 취해야 하나?**

로버트 먼델 미국경제는 상당기간 침체를 벗어나기 힘들 것이다. 세계 자동차시장을 이끌었던 GM과 포드는 도산위기에 처해 있다. 경기침체 때에는 기업 생산성과 투자를 높이기 위해 법인세를 줄여주어야 한다. 미국의 경우 현재 39%인 법인세를 15~20%로 끌어내려야 한다. 미국이 법인세를 내리면 다른 국가들도 법인세를 인하할 가능성이 높고 이는 기업 정상화에 큰 도움이 될 것이다. 오바마 미국 대통령도 이 같은 방향으로 사고를 전환할 필요가 있다.

달러의 몰락과
신화폐전쟁

초판 1쇄 펴낸날 | 2009년 3월 5일
초판 4쇄 펴낸날 | 2009년 5월 4일

지은이 | 서정명
펴낸이 | 이금석

마케팅 | 곽순식, 김선곤
물류지원 | 현란
기획·편집 | 박수진
디자인 | 이선애
펴낸곳 | 도서출판 무한
등록일 | 1993년 4월 2일
등록번호 | 제3-468호

주소 | 서울 마포구 서교동 469-19
전화 | 02)322-6144
팩스 | 02)325-6143
홈페이지 | www.muhan-book.co.kr
e-mail | muhanbook7@naver.com

가격 12,500원
ISBN 978-89-5601-232-2 (03320)

이 책은 한국언론재단의 저술지원으로 출판되었습니다.